A. Ecclesia
C. Curia
E.
F.
G. Locus,

Unseren Freunden und Förderern

Abb. 1   Das Holstentor in Lübeck, Foto um 1930

Im Schutz von Mauern und Toren

Die Befestigung der schleswig-holsteinischen Städte in Mittelalter und Neuzeit

Von Ortwin Pelc

Verlag Boyens & Co.

KLEINE SCHLESWIG-HOLSTEIN-BÜCHER · BAND 53

Herausgegeben von den
Provinzial-Versicherungen, Kiel

Wissenschaftlicher Betreuer: Prof. Dr. Dieter Lohmeier

Schutzumschlag:
Das Holstentor in Kiel 1588, Ausschnitt aus der kolorierten Radierung von Franz Hogenberg aus dem Städtebuch von Braun und Hogenberg, Köln 1588.

Vorsatz vorn:
Kiel 1588, kolorierte Radierung von Franz Hogenberg aus dem Städtebuch von Braun und Hogenberg, Köln 1588. Die Stadtmauer mit ihren Türmen erscheint im Osten des Holstentors bereits verfallen.

Vorsatz hinten:
Lübeck von Osten 1616, kolorierter Kupferstich aus Petrus Bertius, Commentariorum rerum Germanicarum Libri Tres, Amsterdam 1616. Die Stadt ist von einer Mauer geschützt, seit dem 15. Jahrhundert ergänzten jedoch Bastionen die Befestigung, um den neuen Feuerwaffen standhalten zu können.

ISBN 3-8042-1113-5

INHALT

Abb. 2   Das Hohe Tor in Schleswig, Foto um 1860. Das Tor wurde 1883 abgebrochen.

Einleitung: Zur Funktion von Stadtbefestigungen

Das Bild der norddeutschen Städte wurde bis in das 19. Jahrhundert in unterschiedlicher Form durch Stadtbefestigungen geprägt. Diese reichten von aufwendigen Mauern, Bastionen und Steintoren bis zu bescheidenen Holztoren und wasserführenden Gräben. Der Schutz richtete sich in erster Linie gegen Angriffe von Feinden, sollte aber auch unliebsame Besucher wie Räuber und Bettler abhalten und das Eindringen wilder Tiere verhindern. Zugleich hatten die Befestigungen die Funktion, den Rechtsbereich der Stadt zu begrenzen sowie zu kontrollieren, wer die Stadt verließ und betrat, was er transportierte und ob dies abgabepflichtig war.

Für die zahlreichen Dörfer waren Befestigungen zu aufwendig, und so waren deren Bewohner schutzlos fremden Eindringlingen ausgesetzt, wenn sie nicht flohen oder verteidigt wurden. Allein der Adel konnte es sich im Mittelalter finanziell leisten, im Schutz von Burgen zu leben.

Der Schutz von Siedlungen begann mit ihrer geographischen Lage auf Anhöhen oder umgeben von Gewässern und Niederungen. Diesen natürlichen Schutzbedingungen wurden die künstlichen Schutzmaßnahmen angepasst: Wälle, Gräben und Palisaden, später Mauern, Türme und Bastionen. Einlässe in die Siedlungen wurden durch befestigte Tore geschützt. Die Befestigungen einer Stadt waren nur so lange wirkungsvoll, wie sie mit der fortschreitenden Belagerungs- und Waffentechnik Schritt halten konnten. Insbesondere die Feuerwaffen machten seit dem 15. Jahrhundert immer aufwendigere Befestigungsanlagen nötig, ließen sie seit dem 18. Jahrhundert aber auch wieder sinnlos werden, denn gegen die modernen Schusswaffen gab es keinen angemessenen Schutz mehr, Stadtmauern und Tore wurden nutzlos.

Die Befestigungen der Städte in Schleswig-Holstein sind bisher kaum erforscht, allein den Festungsanlagen des 17. Jahrhunderts wurde bisher größere Aufmerksamkeit gewidmet. In den letzten Jahren fanden allerdings archäologische Untersuchungen in Lübeck und Kiel statt, die bemerkenswerte neue Erkenntnisse zur Befestigung dieser Städte lieferten. Im Folgenden soll ein Überblick über die Stadtbefestigungen in Schleswig-Holstein gegeben werden, über ihre Entwicklung vom Frühmittelalter bis ins 19. Jahrhundert sowie den Umgang mit ihnen bis in die Gegenwart. Die beiden Städte Lübeck und Hamburg werden in die Betrachtung mit einbezogen, denn sie beeinflussten die Entwicklung im Land nachhaltig.

2. Befestigte Siedlungen im Frühmittelalter

Bereits im Frühmittelalter, also etwa vom 6. bis 10. Jahrhundert, gab es befestigte Siedlungen in Norddeutschland. Mit wenigen Ausnahmen waren dies Burganlagen mit vielfältigen Funktionen: Sie dienten als Verwaltungssitz, Gerichtsstätte, kirchliches Zentrum, militärischer Stützpunkt und Schutz für die Bevölkerung der Umgebung. Zugleich waren sie Herrschaftsmittelpunkt für die Grundherrschaft der Region. Über die Funktion einzelner Burganlagen in Schleswig-Holstein ist noch zuwenig bekannt, sie können verschiedenen der genannten Zwecke gedient und ihre Funktion gewandelt haben, müssen aber noch nicht einmal ständig genutzt gewesen sein. Es waren Wallanlagen aus Holz, Erde und Grassoden, oft rund oder oval, zum Teil aber auch nur Abschnittswälle, die einen ansonsten von Niederungen geschützten Siedlungsplatz sicherten. Eine Holzpalisade auf der Wallkrone diente der Verteidigung, ein bis zwei Tore erlaubten den Durchlass durch den Wall. Bei der damals relativ geringen Bevölkerungsdichte war der Bau einer Burg ein aufwendiges Unterfangen, so dass für die Anlage ein topographisch günstiger Standort möglichst auf einem Geestsporn umgeben von Gewässern oder Niederungen gesucht wurde.

Im sächsischen Siedlungsgebiet – also Stormarn, dem westlichen Holstein und Dithmarschen – sind im Frühmittelalter nur relativ wenige Burgen bzw. befestigte Siedlungen bekannt. Entlang des Limes Saxoniae, des Grenzsaums zwischen Sachsen und Slawen, befanden sich sechs bis acht Anlagen. Die Kaaksburg und die Bökelnburg aus dem 8. Jahrhundert sowie die etwas jüngere Stellerburg hatten eher eine Randlage und wurden wohl nur sporadisch genutzt. Nach der fränkischen Eroberung Sachsens bis zum Beginn des 9. Jahrhunderts wurden nördlich der Elbe die Stützpunkte Hamburg und Esesfeld (bei Itzehoe) angelegt. Die Mehrzahl der sächsischen Burgen wurde seit dem 10. Jahrhundert aufgegeben, der Burgtyp des Ringwalls hielt sich aber bis in das 12. Jahrhundert u. a. auch durch vereinzelte Neuanlagen in Itzehoe, Hamburg und die Ertheneburg bei Lauenburg. Funktion und Zeitstellung der Ringwälle in Nordfriesland sind noch weitgehend ungeklärt.

Völlig anders war die Situation befestigter Siedlungen weiter im Osten. Seit dem 8. Jahrhundert errichteten die Slawen in Ostholstein und Lauenburg eine Vielzahl von Burgen – bisher sind etwa 35 bekannt –, die Zentren einzelner Siedlungskammern bildeten. Diese großflächige Verteilung der Ring- und Abschnittswälle nahm dann seit dem 10. Jahrhundert zugunsten von zentralen Orten mit vielfältigen Funktionen wie Ratzeburg und Oldenburg – später auch Alt-Lübeck – ab.

Die frühstädtischen Siedlungen des Frühmittelalters orientierten sich an den wichtigen Handelswegen der damaligen Zeit, die aufgrund von Funden und den geographischen Verhältnissen erschlossen werden können. So führte eine Verbindung von der Elbe – etwa beim späteren Lauenburg – die Delvenau und Stecknitz entlang nordwärts nach Ratzeburg und Alt-Lübeck an der Trave; von dort weiter nach Oldenburg. Von Alt-Lübeck gab es einen Verkehrsweg nach Esesfeld an der Stör und damit eine Verbindung zwischen Ost- und Nordsee. Von Hamburg aus führten Wege nach Nordosten Richtung Ratzeburg und Alt-Lübeck sowie auf der Geest nach Norden Richtung Haithabu und weiter nach Jütland. Der wohl wichtigste Verkehrsweg des Frühmittelalters verband die Schlei und die Treene an der schmalsten Stelle der jütischen Halbinsel. Hier lag auch die bedeutendste frühstädtische Siedlung des Nordens: Haithabu.

In Haithabu traf sich der Handel aus dem Nord- und Ostseeraum. Die Siedlungsfläche von Haithabu umfasste etwa 24 ha. Ein Netz von sich rechtwinklig kreuzenden Wegen gliederte die Fläche, die dicht mit Holzhäusern bebaut war. Als Schutz für die Bevölkerung diente anfangs vermutlich eine nahe gelegene Hochburg auf einer ca. 25 m hohen Moränenkuppe. Das durch einen Ringwall geschützte Plateau hatte eine Ausdehnung von 240 m Länge und rund 60–80 m Breite und war wohl durch zwei Tore zu betreten. An dem wichtigen Handelsplatz, den Kaufleute aus West- und Osteuropa und sogar Arabien besuchten, musste Frieden und Sicherheit gewährleistet sein, was in den damals kriegerischen Zeiten nicht einfach war. Haithabu wurde dann wohl seit der zweiten Hälfte des 10. Jahrhunderts mit einem halbkreisförmigen, 1310 Meter langen Holz-Erde-Wall umgeben, dem ein Graben vorgelagert war. Drei Tore führten wahrscheinlich in die Siedlung. Ein Wallschnitt zeigt mehrere Bauphasen. Der älteste Wall war nur zwei Meter hoch und an der Sohle vier Meter breit. In der sechsten Bauphase wurde der Wall bereits sieben Meter hoch; auf seiner Krone können Wehrgänge vermutet werden. Der Wall blieb aber nicht die einzige Befestigung Haithabus. In Verbindung mit dem Danewerk, durch das seit dem 8. Jahrhundert die jütische Landenge gesperrt wurde, kam Haithabu eine entscheidende strategische Rolle bei der Beherrschung der Landenge zu. Es war seit etwa 968 durch einen Verbindungswall mit dem Danewerk verbunden. Angreifer wurden aber bereits durch drei Hindernisse vor der Siedlung aufgehalten: Auf einen Vorwall folgte in 130 m Abstand zum Stadtwall ein Spitzgraben und in 40 m Abstand ein Sohlgraben von sechs Metern Breite und zwei Metern Tiefe. Der Hafen des Handelsortes war durch eine bogenförmige massive Holzpalisade geschützt, die den Halbkreiswall im Wasser fortsetzte. Bei den Ausgrabungen wurden sieben bis acht parallele Pfahlreihen entdeckt. Die Hafeneinfahrt könnte durch zwei Holztürme geschützt gewesen sein.

Abb. 3   Haithabu, Foto um 1989. Deutlich sind der bewachsene halbkreis-förmige Wall und im Hintergrund die Hochburg zu erkennen.

Die Befestigung Haithabus war sicher eine Gemeinschaftsarbeit der Bewohner, die auf Anordnung eines Herrschers durchgeführt wurde. Noch heute ist die mächtige Wallanlage gut zu erkennen (Abb. 3).

Etwa gleichzeitig mit Haithabu, vom 7. bis 11. Jahrhundert, war Starigard/Oldenburg der Hauptort der ostholsteinischen Slawen. Ähnlich wie Haithabu lag Oldenburg relativ geschützt im Binnenland und war über ein Gewässer – den Oldenburger Graben – mit der See verbunden. Die Befestigungsanlagen des slawischen Oldenburg sind in den letzten Jahrzehnten gut erforscht worden (Abb. 4). Ein erster Ringwall von beachtlichen 140 m Durchmesser entstand hier auf einer Moränenkuppe in der zweiten Hälfte des 7. Jahrhunderts. Er war im Westen durch Niederungen geschützt. Seine Vorburgsiedlung wurde spätestens um 800 in die Wallanlage einbezogen; diese war nun mit einer Ausdehnung von 260 m und einer Fläche von ca. vier Hektar die größte Befestigungsanlage der Abotriten. Der Wall war über einem Gerüst von hölzernen Kästen aufgeschüttet, das ihm Halt gab.

10

Abb. 4   Archäologische Grabung im Burgwall von Oldenburg im August 1986, Foto von Ortwin Pelc

Im jüngeren Teil des Walles, der an seinem Fuß eine Breite von 12 m hatte, wurden Holzkästen von 3 × 3 m Größe ergraben. Sie waren mit Kies und Lehm verfüllt, und an ihren Seiten wurde die äußere und innere Wallböschung aus dem gleichen Material angeschüttet. Als der Wall fertig aufgeschüttet war, wurde die Außenseite mit Grassoden bedeckt, die Innenseite in Stufen abgetreppt und mit Brettern verkleidet. Solche Treppen gab es auch an anderen slawischen Burgen, sie werden aber nicht die gesamte Innenseite des Walles eingenommen haben. Nicht geklärt ist die Funktion einer Feldsteinlage am Fuß des inneren Walles aus der mittel- und spätslawischen Zeit. Sie hatte keine stützende Funktion für den Wall, es könnte sich also auch um Steine für einen Abwehrkampf gehandelt haben. Archäologisch nicht nachgewiesen aber sehr wahrscheinlich ist eine Holzpalisade auf der Wallkrone, die vielleicht sogar aus einem Wehrgang mit einseitig geneigtem Dach bestand. Der älteste Oldenburger Wall besaß einen Außen- und einen Innengraben. Der Außengraben war ein Spitzgraben, etwa drei Meter breit und zwei Meter tief. Ein Spitzgraben war bei slawischen Burgen eher selten und gab deshalb in der Forschung zu Diskussionen Anlass. So wurde vermutet, dass germanische Baumeister in slawischen Diensten diese Wehranlage anlegen ließen, was aber nicht bewiesen werden kann. Weitaus ungewöhnlicher ist der Innengraben, ein

Sohlgraben von drei Metern Breite und Tiefe. Mit seinem Aushub wurde der Wall aufgeschüttet. Eine Wehrfunktion hatte dieser Graben nicht, er verringerte nur die Siedlungsfläche in der Burg und diente als Abfallgrube. Archäologen haben geschätzt, dass für die Errichtung der großen Wallanlage von Oldenburg um 800 etwa 75.000 Tagwerke nötig waren; d. h. bei einem Bau innerhalb eines Jahres wären täglich etwa 300 Arbeiter beschäftigt gewesen, bei der geringen Bevölkerungsdichte der damaligen Zeit eine beeindruckende Zahl von Menschen, die aus der weiteren Umgebung von Oldenburg herangezogen worden sein müssen.

Der Wall musste ständig ausgebessert und erneuert werden, da die Witterung, aber auch Zerstörungen – für Oldenburg sind vier Brände nachweisbar – ihn in Mitleidenschaft zogen. Vor dem Südtor der Wallanlage befand sich eine Marktsiedlung, ihre überregionale Bedeutung wird auch durch die Gründung eines Missionsbistums im Jahr 968 deutlich. Erst 1148/49 wurde die Wallanlage bei einem Kriegszug der Dänen zerstört. Dennoch blieb Oldenburg der einzige Ort Ostholsteins, an dem – im Gegensatz z. B. zu Lübeck, Plön und Eutin – die Kontinuität von der slawischen Zeit in das Hoch- und Spätmittelalter ohne Siedlungsverlagerung festzustellen ist.

Erst in spätslawischer Zeit, am Ende des 11. Jahrhunderts unter der Herrschaft des Fürsten Heinrich, löste Liubice/Alt Lübeck das ostholsteinische Starigard/Oldenburg als slawisches Herrschaftszentrum ab. Die Siedlung lag auf einer Landzunge an der Mündung der Schwartau in die Trave (Abb. 6). Sie bestand bereits seit dem Beginn des 9. Jahrhunderts, also zeitgleich mit Haithabu und Oldenburg, gewann aber erst später überregionale Bedeutung als Herrschaftssitz und Handelsort, die bis zu seiner Zerstörung 1138 anhielt. Ende des 11. Jahrhunderts wurde der Holz-Erde-Wall erneut ausgebaut. Er hatte nun eine Sohlenbreite von bis zu 27 m und besaß zwei Tore. Ein etwa 12 m breiter Graben schützte die Wallanlage nach Westen. Der Burgwall hatte einen Durchmesser von rund 100 m und besaß auf seiner Krone eine Doppelreihe von Planken mit Querverstrebungen und Verfüllungen. Sein Inneres war mit kleinen Häusern – vielleicht für die Burgbesatzung – bebaut, weiterhin gab es fürstliche Wohnbauten, eine Münzprägestätte und seit dem Beginn des 12. Jahrhunderts eine steinerne christliche Kirche. Vor der Burg befand sich im Süden und Westen eine Handwerkersiedlung. Gleichzeitig lag am gegenüberliegenden Ufer der Trave eine Kaufleutesiedlung, ebenfalls mit einer christlichen Kirche und möglicherweise durch einen Wall geschützt.

Seit dem 7. Jahrhundert bestand auf dem Geestsporn an der Alster, nicht weit von deren Mündung in die Elbe, eine sächsische Wallanlage, die strategisch günstig die dortige Furt schützte. Von dieser Burg konnte in den Grabungen der 1980er Jahre eine Doppelkreisgrabenanlage entdeckt wer-

*Abb. 5   Rekonstruktion der Befestigung Oldenburgs um 800 n. Chr. Geb.
nach dem Ausgrabungsbefund von 1957*

den, die außen etwa 65 m im Durchmesser maß und im Süden wohl offen
war. Bisher wurde von der Forschung angenommen, dass die Franken bei
ihrem Vordringen an die Elbe 803 auf dem Geestsporn eine Befestigung
antrafen. Ab 811 sollen sie dort die Hammaburg als Stützpunkt errichtet
haben, eine Holz-Erde-Burg, in der 831 Bischof Ansgar sein Kloster und
eine Kirche als Missionssitz errichtete. Neueste Forschungen lassen jedoch
Zweifel an dieser Darstellung aufkommen, da die in den Grabungen der
1940er und 1950er Jahre gemachten Funde und Befunde nun in die zweite
Hälfte des 9. Jahrhunderts datiert werden. Zur Zeit Ansgars und des
Wikingerüberfalls von 845 befand sich an dieser Stelle also wohl gar keine
Befestigung, möglicherweise lag die Hammaburg am Ort der späteren
Neuen Burg am anderen Alsterufer. Über die Befestigung aus der zweiten
Hälfte des 9. Jahrhunderts ist nichts Genaues bekannt. Ebenso unbekannt
ist die Erbauungszeit des sog. Heidenwalls, des ersten Stadtwalles, der die
Siedlung auf dem Geestsporn als Abschnittswall sicherte (Abb. 7). Von ihm
wurden mehrere Bauphasen und die Gräben nachgewiesen. Seinen Namen
erhielt er erst im Spätmittelalter, und angeblich wurde damit auf die Über-
fälle der Wikinger 845 und die slawischen Angriffe 983 und 1072 Bezug
genommen. Einen militärischen Sinn hatte der Wall nur in einer Zeit, als die

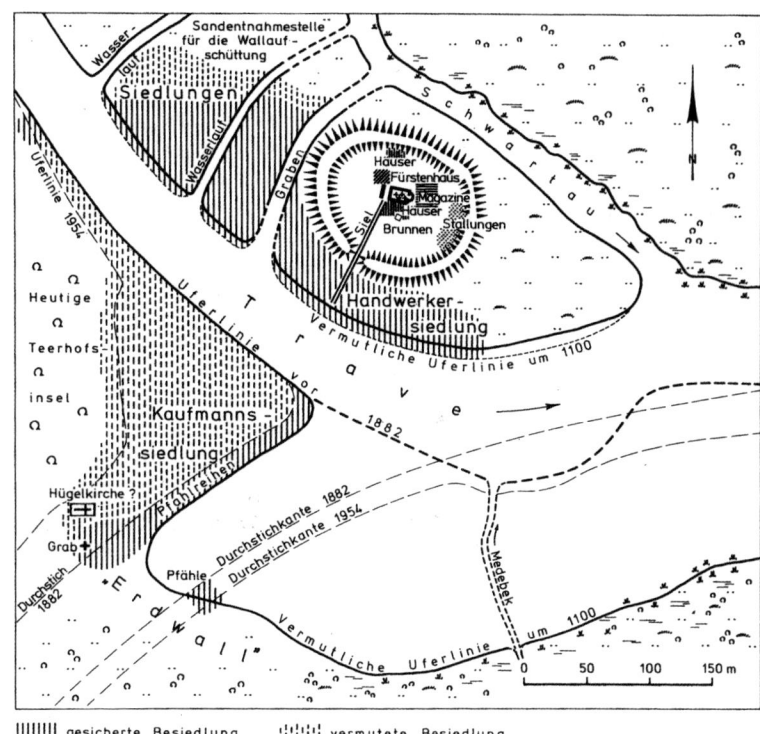

Within the image, labels include: Sandentnahmestelle für die Wallaufschüttung, Siedlungen, Wassergraben, Schwartau, Graben, Häuser, Fürstenhaus, Magazine, Häuser, Brunnen, Stallungen, Handwerker-siedlung, Uferlinie 1954, Heutige, Teerhofs-insel, Kaufmanns-siedlung, Vermutliche Uferlinie um 1100, Hügelkirche ?, Grab, Pfähle, Pfahlreihen, Durchstichkante 1882, Durchstichkante 1954, Durchstich 1882, Vermutliche Uferlinie um 1100, Medebek, Trave, T r a v e, 1882, 0 50 100 150 m

||||||| gesicherte Besiedlung   ┊┊┊┊┊ vermutete Besiedlung

Abb. 6   Plan von Alt-Lübeck. Die spätslawische Siedlung war durch Trave und Schwartau sowie einen Graben geschützt. Es ist nicht bekannt, ob auch die Kaufmannssiedlung befestigt war.

Hammaburg nicht mehr existierte, also frühestens im 10. Jahrhundert. Vor dem Wall, auf dem sich sicher eine Brustwehr befand, lag ein Graben, der mehrmals erweitert wurde. Durch den Wall führten das Große (später Marien- oder Schul-) Tor und das Kleine (später Perleberger oder Schopenstehler) Tor. Da der Heidenwall im 13. Jahrhundert durch die Stadtbefestigung aus Mauern, Toren und Türmen abgelöst wurde, bildete er eine Übergangsstufe zwischen der frühmittelalterlichen Burg und der spätmittelalterlichen Stadtbefestigung. Nach den schriftlichen Quellen wurde er zwischen 1269 und 1407 abgetragen. Wesentlich besser weiß man über den steinernen Turm des Hamburg-Bremer Erzbischofs Bezelin-Alebrand

14

(1035–43) bescheid, dessen Fundament aus mächtigen Feldsteinen heute noch sichtbar ist. Dieses runde Steingebäude mit einem Innendurchmesser von elf Metern und angebautem Brunnenschacht aus Stein hatte eine eindeutige Wehrfunktion und wird mit dem Erzbischof in Verbindung gebracht, da Adam von Bremen diesen Steinbau erwähnt. Zugleich kann aber auch nicht ausgeschlossen werden, dass der Turm Teil einer frühen Stadtbefestigung war. Adam bemerkt darüber hinaus, dass Bezelin geplant hatte, die Siedlung Hamburg mit einer Mauer und Türmen zu befestigen, vor der Ausführung jedoch gestorben sei. Trotz seiner massiven Bauweise bestand der Turm nur bis in das 13. Jahrhundert und wurde dann abgebrochen.

Möglicherweise als Reaktion auf die bischöfliche Wehranlage ließ Herzog Bernhard II. zwischen 1035 und 1043 einen viereckigen Steinturm von 14 m Seitenlänge erbauen. Das Fundament dieser Alsterburg wurde beim Neubau des Hamburger Rathauses am Ende des 19. Jahrhunderts entdeckt. Um oder nach 1066 wurde unter Ordulf eine weitere herzogliche Burg zwischen Alster und Elbe errichtet, nun allerdings in einer technisch überkommenen Art, nämlich als Wall aus Holz und Erde mit einem Durchmesser von etwa 50 m und vermutlich einer Turmburg in der Mitte.

Abb. 7   Der Heidenwall in Hamburg mit dem Bischofsturm um 1050, Rekonstruktionszeichnung

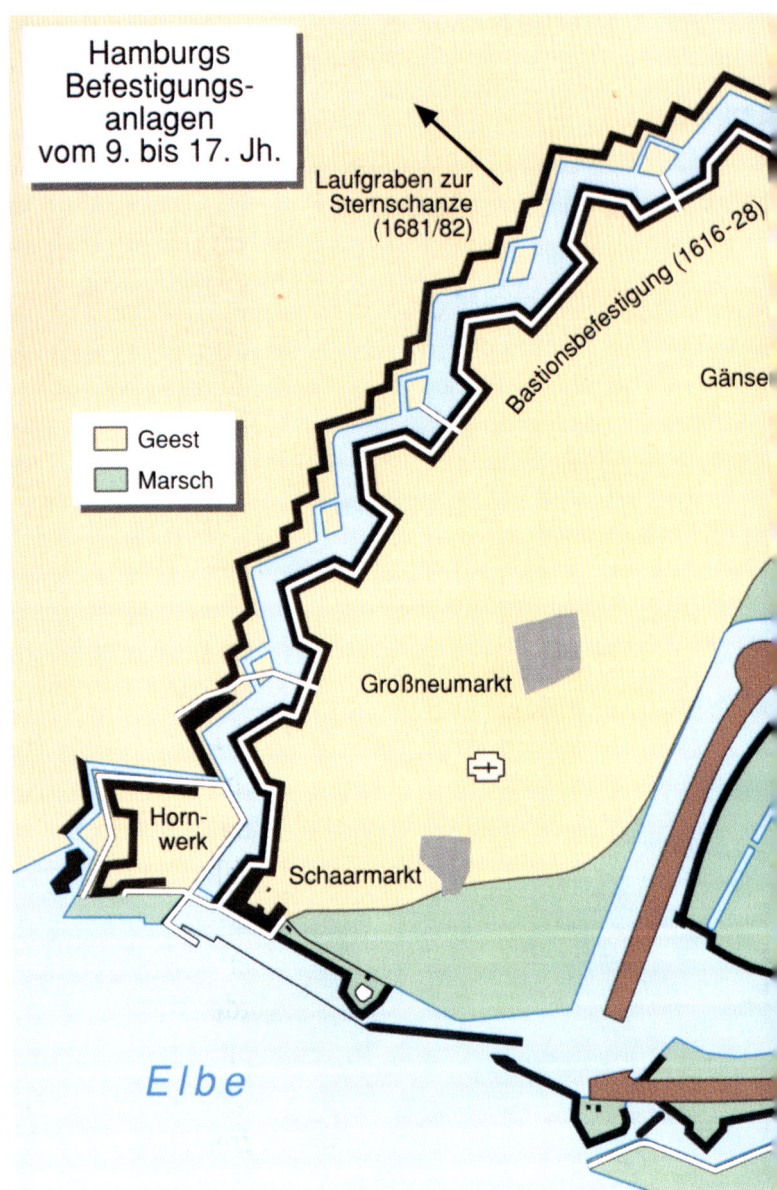

Hamburgs
Befestigungs-
anlagen
vom 9. bis 17. Jh.

Laufgraben zur
Sternschanze
(1681/82)

Bastionsbefestigung (1616–28)

Gänse

Geest

Marsch

Großneumarkt

Horn-
werk

Schaarmarkt

Elbe

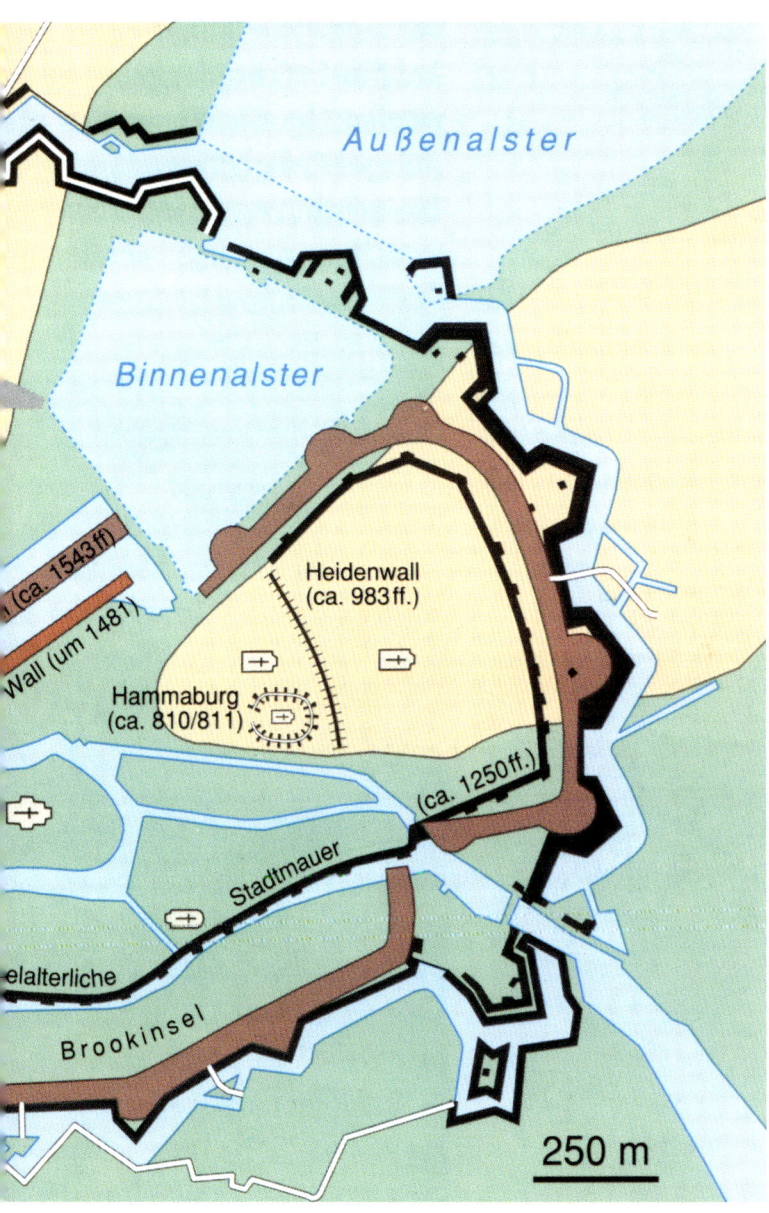

Außenalster

Binnenalster

(ca. 1543 ff.)

Wall (um 1481)

Heidenwall
(ca. 983 ff.)

Hammaburg
(ca. 810/811)

(ca. 1250 ff.)

Stadtmauer

elalterliche

Brookinsel

250 m

17

3. Die ersten Stadtbefestigungen

Im 12. Jahrhundert fand ein grundlegender Wandel in den Herrschaftsverhältnissen Nordelbiens statt, die Handelsströme verlagerten sich, und mit Schleswig, Lübeck und Hamburg entstanden die ersten Städte. Der Unterwerfung der ostholsteinischen und lauenburgischen Slawen seit 1138/39 folgte die Gründung der Grafschaften Holstein und Ratzeburg (Lauenburg). Die Grafen holten Siedler in das Land und sorgten damit für seine zunehmende Erschließung und Urbarmachung im Rahmen der Ostsiedlung des Mittelalters. Neben Dörfern entstanden Marktsiedlungen wie Segeberg und Oldesloe, Plön und Eutin, Oldenburg und Lütjenburg und in Westholstein Itzehoe, in denen Agrarprodukte des Umlandes gegen Handwerkswaren und Fernhandelsprodukte getauscht wurden. Vergleichbare Marktsiedlungen mit Mittelpunktcharakter waren in Lauenburg die Orte Ratzeburg und Mölln sowie im Herzogtum Schleswig Hadersleben und Apenrade, Flensburg und Schleswig. Aus allen diesen Marktsiedlungen entwickelten sich spätestens im 13. Jahrhundert Städte, die unterschiedlich starke Befestigungen erhielten. Hatten die Befestigungen bis dahin – von Haithabu abgesehen – vor allem politisch-kirchliche Herrschaftszentren geschützt, so begann nun im 12. Jahrhundert das Zeitalter der Stadtbefestigungen, das bis in das 19. Jahrhundert andauerte. Angreifende Feinde kamen vor der Verbreitung der Feuerwaffen mit Bogen- und Armbrustschützen sowie immer aufwendigeren Belagerungsmaschinen, die von Sturmleitern und Rammböcken bis zu mächtigen Steinschleudern reichten. Die Städte mussten auch den Bewohnern aus dem Umland Schutz bieten, denn ein feindliches Heer versorgte sich in der Regel durch Plünderungen der Dörfer.

Graf Adolf II. ließ 1143 auf einer Halbinsel zwischen Wakenitz und Trave eine Kaufleutesiedlung gründen, die nicht ohne Grund den traditionsreichen Namen des vier Kilometer flussabwärts gelegenen (Alt) Lübeck erhielt. Da die Kaufleute aus dem Reich über diese erste deutschrechtliche Stadt an der Ostseeküste an die begehrten Waren des Ostseeraumes gelangten, entwickelte sich Lübeck sehr rasch (Abb. 9). Herzog Heinrich der Löwe zwang daraufhin seinen Lehnsmann Adolf I., ihm Lübeck 1159 als sichere Einnahmequelle abzutreten. Hinter der Machtpolitik im 12. Jahrhundert stand die Absicht der sächsischen Herzöge, den Herrschaftsbereich Sachsens bis an die Ostsee auszudehnen. Insbesondere Herzog Heinrich

Abb. 9   Ein Modell des Lübecker Hafens mit der Stadtmauer in den 1180er Jahren, rekonstruiert nach den archäologischen Befunden

der Löwe beabsichtigte mit der Gründung von Städten den Fernhandel anzuregen und damit die Wirtschaft zu fördern.

Als Adolf II. die Lübecker Kaufleutesiedlung anlegen ließ, hatte zuvor am Zugang zur Halbinsel bereits einmal eine slawische Burg bestanden. Sie war aber nicht mehr in Funktion, als er 1143 dort eine landesherrliche Befestigung erbauen ließ. Diese Burg besaß eine fast quadratische Grabenanlage und lag unmittelbar an einem weiteren Graben, der den Zugang zur Halbinsel sperrte. Die Burg bestand dort bis zur Gründung des Dominikanerklosters 1227, des Burgklosters. Der Chronist Helmold von Bosau berichtet, dass die Bürger Lübecks nach der Abtretung der Stadt an den Herzog die Kirchen und Mauern neu errichtet hätten (Abb. 10). Bei den „Mauern" wird es sich aber nur um Palisaden gehandelt haben. Als sich Heinrich der Löwe im Kampf mit Kaiser Friedrich I. Barbarossa dann 1181 in Lübeck aufhielt und einen Angriff der kaiserlichen Truppen befürchtete, soll er befohlen haben, die Stadt zu befestigen und Verteidigungsmaschinen zu bauen. Tatsächlich finden sich für die letzten beiden Jahrzehnte des

Abb. 10   Ansicht von Lübeck (kolorierter Holzschnitt) in dem Bericht von der Gründung der Stadt im „Rudimentum novitiorum", das Lucas Brandis 1475 in Lübeck druckte. An den Mauern Lübecks wird mit Hilfe einer Seilwinde noch gebaut.

12. Jahrhunderts zahlreiche archäologische Belege für Befestigungsbau in Lübeck. Zu dieser Zeit wurde im Norden die landesherrliche Burg mit dem Burgtor durch Mauern und Türme aus Backstein gesichert, und auch die Siedlung im Mittelteil der Halbinsel besaß eine Mauer. Im Westen der Stadt besaß sie an ihrem Fuß eine Stärke von 75 cm, im Osten war sie sogar 110 cm stark. Möglicherweise war auch der Dombezirk von einer eigenen Befestigung umgeben. Von den späteren vier Haupttoren bestanden im 12. Jahrhundert sicher bereits das Burgtor und das Mühlentor (um 1160). Einer Belagerung wie 1192 durch ein Heer Graf Adolfs III. konnte die Stadt durchaus standhalten.

Abb. 11   Hamburg im Jahr 1150, kolorierte Lithographie von Peter Suhr um 1800. Der Maler stellte sich Hamburg im 12. Jahrhundert als eine von drei mächtigen Burgen sowie starken Mauern und Toren befestigte Stadt vor.

In Hamburg (Abb. 11) wurde die herzogliche Alsterburg 1126 erneuert, aber nur noch bis zu ihrer Zerstörung 1142 genutzt. Die neue Burg am anderen Alsterufer, deren Name sich noch als Straßenname erhalten hat, verlor am Ende des 12. Jahrhunderts ihre Bedeutung, als auf ihrem Gelände eine Kaufmannssiedlung und die Nikolaikirche errichtet wurden. Diese grätliche Neustadt lag zwar günstig in einer Alsterschleife, war vermutlich aber auch durch Befestigungen geschützt, über sie gibt es aber keine Nachweise. Dabei ist bemerkenswert, dass in dem Freibrief Kaiser Friedrichs I., den Graf Adolf III. 1189 für die Neustadt erwirkte, u. a. verboten wurde, im Umkreis von zwei Meilen um Hamburg fremde Burgen zu bauen.

Als dritte Stadt in Nordelbien war Schleswig bereits im 12. Jahrhundert befestigt. Es hatte um 1100 am Nordufer der Schlei die Handelsfunktion von Haithabu im Ost-West-Verkehr übernommen, behielt sie aber nur bis zum raschen Aufstieg Lübecks im 13. Jahrhundert. Schleswig blieb jedoch weiterhin Vorort des Herzogtums und wichtiger Kirchensitz. Seine planmäßig angelegte Altstadtsiedlung lag auf einem von Wasser umgebenen Werder, der nur im Norden über die Lange Straße mit dem Land verbunden war. Die Siedlung scheint um 1131 befestigt gewesen zu sein, als sich dort Knud Lawards Halbbruder Erich gegen den dänischen König Niels und dessen Sohn Magnus verteidigte, die über die gefrorene Schlei mit ihrem Heer angriffen. Im Schleswiger Stadtrecht wird um 1200 eine Befestigung aus Wällen, Planken, Flechtwerk und Steinen erwähnt, sie bestanden also sicher bereits vorher. Die Stadt war durch einen aus dem Mühlenbach gespeisten Graben und einen Wall geschützt. Darüber hinaus besaß sie bereits im 12. Jahrhundert zwei Tore, denn nach dem Stadtrecht sollte der Verwalter des Königs das Nordertor und der Verwalter des Herzogs das andere erhalten. Das Nordertor war vermutlich das spätere Hohe Tor (auch Steintor, Langes Tor), das an der nördlichen Ecke der Kälberstraße lag. Zumindest im 12. und 13. Jahrhundert besaß Schleswig als weiterer Schutz auf der heutigen Möveninsel in der Schlei die Juriansburg, deren Gründung Knut Laward zugeschrieben wird und die bis zur Verlegung des Herzogssitzes 1268 auf die Insel im Burgsee (Schloss Gottorf) bestand.

Auch die anfangs erwähnten Marktorte mögen bereits im 12. Jahrhundert befestigt oder anders geschützt gewesen sein. Die Segeberger Burg auf dem Kalkberg war seit 1134 das Zentrum der gräflichen Herrschaft. In ihrem Schutz entwickelte sich der Marktort. Gut gesichert in einer Schleife der Stör lag in der feuchten Marsch die Burg Itzehoe. Der Ringwall von 100 Metern Durchmesser und sieben Metern Höhe war um 1000 von den sächsischen Grafen als Stützpunkt gegen Dänen und Slawen errichtet worden. Am gegenüberliegenden Geesthang entwickelte sich nur wenig später neben einer Laurentiikirche eine Handelssiedlung. Für die Schauenburger als Grafen von Holstein und Stormarn waren seit 1111 Hamburg und Itzehoe die einzigen Stützpunkte in Nordelbien. In der Schutzlage einer Burg entstand in der Mitte des 12. Jahrhunderts auch das Suburbium von Itzehoe.

Nachdem Graf Adolf II. Lübeck an Herzog Heinrich den Löwen verloren hatte, wählte er um 1158 Plön als Herrschaftszentrum und ließ hier anstelle der slawischen Burg eine eigene Befestigungsanlage errichten, die 1173 auf den heutigen Schlossberg verlegt wurde und die nahe Siedlung schützte. Ratzeburg war nicht nur zentraler Ort der Grafschaft und Sitz des Grafen, sondern auch Bischofssitz, sodass die Entstehung einer Marktsiedlung im Schutz einer dortigen Burg verständlich ist.

Bei den zahlreichen weiteren in Schleswig und Holstein im 12. Jahrhundert angelegten Handelssiedlungen ist der Schutz durch eine Burg oder Befestigung zwar zu vermuten, aber nicht immer nachzuweisen.

22

4. Die Zeit der Städtegründungen

Das Ende der dänischen Herrschaft in Nordelbien 1225 hatte für die bedeutendste hiesige Stadt eine einschneidende Folge: Lübeck wurde 1226 eine freie Reichsstadt. Es war damit den umliegenden Territorien gleichgestellt, konnte politisch autonom handeln und war auch für seine Verteidigung allein verantwortlich. In einem beispiellosen wirtschaftlichen und politischen Aufstieg wurde Lübeck für mehr als 400 Jahre das Haupt der Hanse. Auch Hamburg entwickelte sich weiter: Um 1216 schlossen sich die erzbischöfliche Altstadt und die gräfliche Neustadt zusammen, das Stadtrecht wurde aufgezeichnet, und die Bürger übernahmen die Stadtverteidigung. Bis zum Ende des 13. Jahrhunderts machten sich die Hamburger weitgehend von ihrem Stadtherrn frei, auch wenn die Schauenburger formell weiterhin Stadtherren blieben.

Die ländliche Besiedlung hatte sich in den vorangegangenen Jahrzehnten so stark verdichtet, dass mehrere Marktorte Stadtrechte erhielten. Graf Adolf IV. verband damit die Absicht, seine Landesherrschaft zu stärken. Über die Gewährung von Freiheitsrechten förderte der Graf das selbständige Handeln und Wirtschaften der Bürger, versprach sich durch Abgaben höhere Einkünfte und erhielt zugleich wehrhafte Siedlungen in seinem Territorium, deren Bürger auch bei Militäreinsätzen helfen konnten. Die Grafen reagierten damit allerdings auf bereits gewachsene Eigenheiten städtischer Wirtschaft und Verwaltung, die sich gegenüber dem Landrecht in dem städtischen Lübischen Recht zeigten.

In den Jahren zwischen 1230 und 1249 erhielten folgende Siedlungen Stadtrecht oder in ihrer Nachbarschaft wurde eine Neustadt gegründet: Oldenburg, Plön, Lütjenburg, Segeberg, Itzehoe, Oldesloe, Rendsburg, Kiel, Neustadt, Tondern und wohl auch Meldorf. In der zweiten Hälfte des 13. Jahrhunderts folgten – nicht immer aufs Jahr zu datieren – Heiligenhafen, Eutin, Wilster und Krempe, Burg auf Fehmarn, Eckernförde, Flensburg, Apenrade, Hadersleben und Sonderburg. Im Herzogtum Sachsen-Lauenburg erhielten Ratzeburg, Mölln, Lauenburg und Bergedorf ebenfalls im 13. Jahrhundert Stadtrechte. Innerhalb von nur rund 70 Jahren waren die meisten Städte Schleswig-Holsteins gegründet worden und zeichneten sich neben dem besonderen Rechtsstatus und der arbeitsteiligen Wirtschaft durch ihre Befestigungen aus. Alle diese Städte hatten für ihre Region eine zentralörtliche Funktion und topographische Besonderheiten, denen sich die Befestigungen anpassten.

Seit dem 12. Jahrhundert lagen vor der Schleswiger Altstadt die nördliche Vorstadt und die Fischersiedlung Holm. Die nördliche Vorstadt war von Wällen – vermutlich mit Palisaden – umgeben, dem Friesenwerk, dem Angelbowerk und dem Saldergater, die 1291 erwähnt werden und noch im

Abb. 12   Städtegründungen in Schleswig-Holstein im 12. und 13. Jahrhundert

15. Jahrhundert bestanden. Der Holm war vom 13. bis zum 15. Jahrhundert durch den Großen Wall mit Graben gesichert. Flensburg entwickelte sich seit dem 13. Jahrhundert aus mehreren Siedlungsteilen entlang dem Westufer der Förde zur wichtigsten Handelsstadt des Herzogtums Schleswig. Die älteste Siedlung um den Nordermarkt wurde im 12. und 13. Jahrhundert durch eine Burg auf dem Marienberg geschützt. Seit 1285

entstand im Norden auf dem Gebiet der Ramsharde eine Vorstadt, die ebenso wie die vorstädtische Siedlung um die Johanniskirche auf dem Ostufer mit Palisaden (Planken) befestigt war.

Über die mittelalterliche Befestigung der nordschleswigschen Städte ist nur wenig bekannt. Das liegt an der spärlichen schriftlichen Überlieferung, den wenigen historischen und archäologischen Untersuchungen und daran, dass in ganz Dänemark Stadtmauern weitgehend unbekannt waren. Wälle und Palisaden waren als Schutz verbreitet; ein durchaus üblicher Schutz – in Verbindung mit einer günstigen topographischen Lage – war aber auch eine Burg. Tondern entstand wohl in der ersten Hälfte des 12. Jahrhunderts auf einer Insel in der schiffbaren Wiedau/Vidå, erhielt 1243 das Lübische Stadtrecht und wurde von einer Burg geschützt, die allerdings erst 1285 erwähnt wird. Apenrade entstand um 1200 am Ende einer Förde und wurde mit seinem Hafen von einer Königsburg geschützt. Das ebenfalls am Ende einer Förde an einer Wegegabelung und Furt in der Mitte des 12. Jahrhunderts entstandene Hadersleben wurde auch von einer königlichen Burg, dem Haderslevhus, geschützt, das erstmals 1326 erwähnt wird. Am Übergang vom Dänischen Wohld nach Schwansen lag westlich der Furt über das Noor am Ende des 12. Jahrhunderts ein Dorf, bei dem im ersten Drittel des 13. Jahrhunderts die landesherrliche Eckernburg zum Schutz und für die Erhebung von Abgaben errichtet wurde. Im Schutz dieser Burg wurde im 13. Jahrhundert die Stadt Eckernförde planmäßig angelegt; sie lag auf einem Sandriff, weitgehend von Wasser umgeben (Abb. 13). Burg und Wasser werden ausreichend Schutz geboten haben, es ist aber nicht ausgeschlossen, dass die bogenförmig verlaufenden Straßen Nicolaistraße und Ochsenkopf auf eine ehemalige Umzäunung oder Umwallung des alten Stadtkerns hindeuten.

In Westholstein entstanden im 13. Jahrhundert drei Städte: Itzehoe, Wilster und Krempe. In den Machtkämpfen bei der Besetzung durch die Dänen 1201 spielte die Burg Itzehoe noch eine Rolle und wurde deshalb um 1200 verstärkt. Bis zum Beginn des 14. Jahrhunderts saß noch ein gräflicher Vogt auf der Burg, er verlor aber im Lauf des 13. Jahrhunderts immer mehr an Bedeutung, nachdem die Itzehoer Neustadt in der Störschleife angelegt und die Siedlung 1238 mit dem Lübischen Stadtrecht bewidmet worden war. Die Burg blieb aber weiterhin der wichtigste Schutz. Das an der schiffbaren Wilsterau gelegene Wilster erhielt 1282 Stadtrechte, um 1250 folgte Krempe, ebenfalls an einem Nebenfluss der Stör gelegen. Über Befestigungen beider Städte gibt es aber erst aus dem Spätmittelalter Nachrichten.

Mit der Gründung der Hamburger Neustadt auf dem Gelände der ehemaligen Neuen Burg 1188 und dem kaiserlichen Privileg von 1189 begann auf Initiative Graf Adolfs III. – parallel zu Lübeck – eine rasante Entwicklung der Stadt und des Handels, die durch die Vereinigung von Alt-

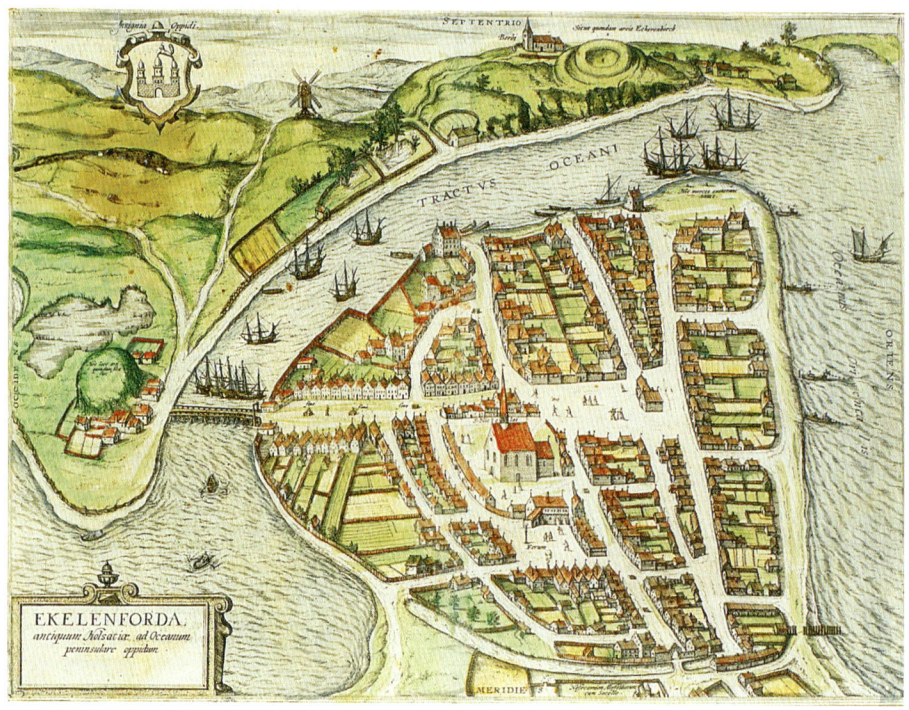

Abb. 13   Eckernförde 1588, kolorierte Radierung von Franz Hogenberg aus
dem Städtebuch von Braun und Hogenberg, Köln 1588. Seit dem 13. Jahrhundert schützte die landesherrliche Burg die planmäßig angelegte Stadt. Auf
der Ansicht sind im Süden ein Wassergraben, das Kieler Tor und eine Palisade
an der Ostseeseite zu erkennen.

und Neustadt um 1220 noch beschleunigt wurde. Bis 1250 erreichte die
bebaute Fläche Hamburgs eine Größe von 80 Hektar, die erst im 16.
Jahrhundert wieder überschritten wurde. Spätestens um 1240 dürfte
Hamburg mit einer Befestigung teils aus Planken, teils aus Mauern umge-
ben gewesen sein. Die damals noch außen liegenden Siedlungsgebiete
Jakobikirchspiel und Rödingsmarkt wurden nach 1258 in den
Befestigungsring einbezogen. Da die Stadt im Verlauf des 13. Jahrhunderts
die faktische Unabhängigkeit von ihren Landesherren erreichte, war sie für
ihre Verteidigung allein verantwortlich. Es liegen zwar relativ viele
Hinweise auf die Befestigungsanlagen der Stadt im Mittelalter vor, sie erge-

ben jedoch kein geschlossenen Bild der Befestigungsentwicklung. Die Wälle, Mauern und Plankenwände waren bereits im 13. Jahrhundert durch viele, unterschiedlich große Tore passierbar; erwähnt werden das Steintor (1266), das Spitalertor (1268), das Lüneburger Tor (1263), das Brooktor (1274) sowie das Schaltor (1274), und es werden auch schon das Millerntor, das Dammtor, das Schaartor, das Alstertor und das Niederntor bestanden haben.

Die Mehrzahl der Stadtgründungen des 13. Jahrhunderts erfolgte im ostholsteinischen und lauenburgischen Kolonisationsgebiet. Hier wurde Lübeck zur dominierenden Stadt. Der Chronist Detmar berichtet, dass Lübeck erstmals im Jahr 1217 vollständig – also die drei Siedlungsbereiche Burg, civitas und Dombezirk einschließlich des Hafenbereichs – ummauert wurde. Urkundlich erwähnt wird die Mauer erst 1239. Immerhin hatte der Stadthügel die beträchtliche Fläche von 113 Hektar. Der Bau der Mauern wird sich über einige Jahre hingezogen haben und nach strategischen Überlegungen sowie finanziellen Möglichkeiten mit einer bestimmten Priorität durchgeführt worden sein. Als 1290 die Wakenitz durch den Mühlendamm gestaut wurde, musste das Mühlentor durch die Mauer gebrochen werden. Zur Errichtung von zwei Türmen am Mühlendamm nahm die Stadt eine Anleihe auf. Vier Haupttore erlaubten nun den Zugang zur Stadt: das Burgtor (Abb. 14), das Hüxtertor (um 1230), das Mühlentor und das Holstentor. Dazu kamen zahlreiche Pforten in der Stadtmauer und in regelmäßigem Abstand weitere Türme (Abb. 15).

Segeberg, an der Grenze zu Ostholstein gelegen und im 13. Jahrhundert mit Stadtrechten bewidmet, wurde vor allem durch seine Burg geschützt. Die kleine Marktsiedlung am Fuß des Burgberges musste aufgrund ihrer Lage nur an zwei Seiten gesichert werden: an der Westseite boten ein Bach, ein Wall und das Holstentor Schutz, an der Ostseite das steinerne Lübische Tor. Diese Befestigungen werden allerdings erst im 16. Jahrhundert erwähnt; wie in vielen Fällen werden sie aber bereits vorher bestanden haben.

Die meisten Städtegründungen in den slawischen Siedlungsgebieten gingen auf bereits vorhandene slawische Siedlungen und Befestigungen zurück. Auf der Fasaneninsel im Großen Eutiner See lagen eine slawische Burganlage und Siedlung, deren Name Eutin von einem Wirtschaftshof des Lübecker Bischofs Gerold um 1150 übernommen wurde. Neben diesem Hof wurde noch zu Gerolds Zeiten ein Marktplatz angelegt, um 1250 dann die Stadtkirche. Eutin wurde zur Residenz der Lübecker Bischöfe und ihr Hof zur Burg mit einem Wall und Wassergraben ausgebaut. Mit der Verleihung des Lübecker Stadtrechts an den Ort 1257 gerieten die Bischöfe in einen heftigen, auch gewalttätigen Konflikt mit den Grafen von Holstein, der erst 1272 beigelegt wurde. Graf Gerhard anerkannte Eutin als bischöfliche Stadt, dafür verzichteten die Bischöfe auf eine Stadtbefestigung, die zu einer Bedrohung der gräflichen Gewalt hätte werden können. Bischof

Abb. 14   Burgtor und Stadtmauer in Lübeck, Foto um 1890

Johann von Tralau (1259–1276) ließ den Bischofssitz allerdings zu einem steinernen Haus ausbauen, das den Ursprung des späteren Schlosses bildete. Im 14. Jahrhundert erweiterten Wall und Graben die Anlage zu einer Wasserburg, die die Stadt schützte. Die topographische Lage Eutins bot aber ebenfalls einen gewissen Schutz: Nach Norden und Osten fiel die Stadt zum See ab, und die Moore im Westen wurden von einem Wasserlauf durchzogen, dessen spätere Bezeichnung „Stadtgraben" (heute Dr.-Wittern-Gang) auf seine Schutzfunktion hinweist.

*Abb. 15   Lübeck, der Turm am Krähenteich mit den Resten der Stadtmauer,
Foto um 1938*

Ähnlich wie Eutin war Plön aus einem slawischen Gauzentrum mit einer
Burg hervorgegangen, bei der auf einer schmalen Landbrücke zwischen
Wasserflächen eine Marktsiedlung mit einer Nikolaikirche entstand, die
1236 das Lübische Stadtrecht erhielt. Eine Befestigung ist aus dem 13. Jahrhundert nicht bekannt.

Der Stadtkern von Neustadt auf einer Hochfläche am Ausfluss der
Kremper Au in die Ostsee mit dem viereckigen Marktplatz und dem gleich-
mäßigen Straßennetz ist deutlich als planmäßige Anlage des 13. Jahrhunderts zu erkennen. Durch Korn- und Holzhandel, Schiffbau und Fischerei
entwickelte es sich im Mittelalter zur wichtigsten Hafenstadt Ostholsteins.
Im 13. Jahrhundert befand sich in dem slawischen Ringwall auf der
Burginsel im Binnenwasser noch eine landesherrliche Burg. In einem ein-
zigartigen Bericht aus der Zeit um 1440 wird die Stadtgründung durch Graf
Gerhard I. im Jahr 1244 geschildert und dabei auch die Anlage der
Stadtbefestigung erwähnt, bei der die Bewohner der Umgebung mitwirken
mussten. Darin heißt es, dass der Graf „mit seinem Rat helfen möge,
Straßen, Grundstücke, den Kirchhof und den Markt dieser Stadt anzulegen
und den Befestigungsring darum zu legen, und gebot den Bewohnern dieser Gegend und in seinem Gebiet, dass sie den Wallgraben mit graben helfen, was sie taten". Dieser Befestigungsring aus Wall, Graben und Mauer

umgab die Stadt in einem Bogen und ist heute noch in den Straßen Waschgrabenallee, Grabenstraße und Haakengraben erkennbar. Nur im Süden wird der Graben Wasser geführt haben. Innerhalb der Befestigung blieb ein Teil der Flächen während des Mittelalters Gartenland.

In dem kleinen Marktort Lütjenburg hatte am Ende des 12. Jahrhunderts ein gräflicher Vogt seinen befestigten Sitz. 1275 wurde dem Ort das Lübische Stadtrecht bestätigt, eine Stadtbefestigung hat Lütjenburg aber wohl nie besessen. Drei einfache hölzerne Stadttore hatten in späterer Zeit lediglich eine polizeiliche Kontrollfunktion.

Oldenburg wurde 1148/49 und 1171 zerstört und konnte seine überregionale Bedeutung, die es bis ins 11. Jahrhundert als slawisches Siedlungszentrum besessen hatte, nicht wiedergewinnen; die Verlegung des Bistums in das aufstrebende Lübeck 1160 ist dafür signifikant. Der Marktort erhielt in der Mitte des 13. Jahrhunderts Lübisches Recht. Die über viele Jahrzehnte zerstörte slawische Wallanlage wurde unter dänischer Herrschaft (1201–1225) wieder als Burg genutzt, in ihr wurde ein Palas mit einem Wirtschaftshof eingerichtet. Auch unter der erneuten schauenburgischen Herrschaft war die Burg bis zu ihrer Zerstörung 1261 wieder Sitz eines gräflichen Vogtes. Im Osten der Stadt besaßen die Grafen einen Wirtschaftshof, der 1324 erstmals erwähnt wird, im 16. Jahrhundert Amtssitz und von einem Wassergraben umgeben war. Die feuchten Niederungen um die Stadt boten ihr wohl ausreichend Schutz, so dass sie keine Befestigung benötigte. Dennoch wird in der Forschung nicht ausgeschlossen, dass es eine solche in der Frühzeit der Stadt gab. Im Spätmittelalter waren Oldenburgs Stadtausgänge dann durch Tore geschlossen.

Heiligenhafen wurde in der Mitte des 13. Jahrhunderts als planmäßige Stadtanlage im Nordosten der wagrischen Halbinsel gegründet. Seine Hanglage lässt eine Befestigung sinnlos erscheinen, sie hat im Mittelalter wahrscheinlich auch nicht existiert. Das im 16. und 17. Jahrhundert erwähnte Thulboder Tor und das Bergtor waren wohl nur Holzgatter. Auch eine landesherrliche Burg existierte hier nicht. Es war nicht ungewöhnlich, dass eine Stadt im Mittelalter völlig unbefestigt war. Auch Burg auf Fehmarn besaß keinen Schutz: Die wohl im 13. Jahrhundert entstandene Stadt geht vermutlich auf einen slawischen Burgwall zurück, allein ihr Hafen wurde von der Burg Glambeck gesichert.

Die Altstadt von Kiel liegt auf einer 10 Hektar großen Halbinsel, die im Osten von der Kieler Förde und im Westen von einem ihrer Seitenarme, dem Kleinen Kiel, begrenzt wird. Da sie nur im Norden eine schmale Landverbindung hatte, war sie im Mittelalter leicht zu verteidigen. Die Halbinsel war bereits im 12. Jahrhundert besiedelt, entwickelte sich zum Marktort und erhielt 1242 von Graf Adolf IV. Stadtrechte. Kiel wurde wichtiger Handels- und Hafenplatz zwischen Holstein und Schleswig und die landesherrliche Burg Hauptresidenz der Grafen von Schauenburg. Diese Burg am schmalen Landzugang der Halbinsel ist 1252 bezeugt, könnte aber bereits vor der Stadtgründung existiert haben. Neuere archäologische Grabungen haben ergeben, dass die älteste Befestigung Kiels aus einer Palisade mit zwei vorgelagerten Gräben bestand und in die zweite Hälfte des 13. Jahrhunderts datiert wird. Die Bohlenbretter der Palisade waren oben angespitzt und durch querliegende Bohlen miteinander verbunden. Diese Art der Befestigung besaß ihre Vorbilder in Skandinavien. Die ergrabenen Palisaden konnten auf 1301 datiert werden, genau das Jahr, in dem auch im Kieler Rentebuch „plankas" erwähnt werden. Die Stadt kann damals darüber hinaus auch durch Bollwerke oder befestigte Häuser – wohl an den Toren – geschützt worden sein, drei „propugnacula" werden zwischen 1264 und 1289 im ältesten Kieler Stadtbuch genannt.

Die günstige Lage Oldesloes in einem Travebogen machte eine Befestigung für die bereits im 12. Jahrhundert durch ihre Saline wichtige, im 13. Jahrhundert mit Stadtrechten bewidmete Siedlung am Weg zwischen Lübeck und Hamburg weitgehend überflüssig. Durch einen Travedurchstich wurde die Stadt zur Insel. Graf Johann I. ließ am gefährdeten Zugang zum Ort 1249 eine kleine Burg bauen, die bis ins 15. Jahrhundert bestand. An den Brücken bzw. den drei aus der Stadt hinausführenden Straßen befanden sich allerdings Tore, die vielleicht schon im 13. Jahrhundert vor-

Abb. 16   Siegel der Städte Plön (1270/1350) und Ratzeburg (1350). Auf Stadtsiegeln wurden Wehrhaftigkeit und Stadtrecht oft durch Mauern, Tore und Türme symbolisiert, auch wenn die Städte – wie im Falle Plöns – keine Stadtbefestigung besaßen. Es sind Mauern und Türme mit Zinnen zu erkennen sowie geschlossene und offene Tore.

handen waren, aber erst im 14. Jahrhundert erwähnt werden: das Lübecker Tor oder Mühlengrabentor 1365, das Hamburger Tor um 1370 und das Besttor 1380. Zwischen dem Lübecker Tor und dem Hamburger Tor könnte es eine Palisadenbefestigung gegeben haben, worauf die „Hagenstraße" hindeutet.

Mölln wurde wohl am Ende des 12. Jahrhunderts planmäßig angelegt. Die Altstadt Möllns liegt auf einem Werder im Möllner See, der im Westen, Norden und Osten von Wasserflächen umgeben ist. Wohl bereits im 13. Jahrhundert wurde die Stadt zur Landseite durch den inneren Stadtgraben gesichert, dem – zeitgleich oder später – der Wallgraben vorgelagert war. Zwischen beiden Gräben lag ein Wall, der zwar erst um 1500 belegt ist, aber durchaus älter gewesen sein kann. Innerhalb der Stadtmauern, sicher an der Stelle des späteren Stadthauptmannshofs, lag wohl bis ins 14. Jahrhundert ein befestigter Hof des Herzogs, der durch diese Lage aber von den Möllnern kontrolliert wurde. Herzogin Elisabeth und ihr Sohn Albrecht IV. mussten sich 1329 verpflichten, weder in noch vor der Stadt eine Befestigung zu errichten.

Die Burg im Ratzeburger See war seit 1143 Sitz der Grafen von Ratzeburg. Der wenige Jahre später auf einer Nachbarinsel gegründete Dom benötigte ebenso wenig wie die wohl im 13. Jahrhundert entstandene Stadt eine Befestigung, denn deren Insellage bot ausreichend Schutz. Allein das Inselufer war durch Pfahlreihen befestigt. Die auf dem Stich von Gerdt Hane (Abb. 17) 1588 dargestellte mächtige Burg sicherte die gefährdete Westseite der Insel und widerstand z. B. 1290 und 1409 den Angriffen der Lübecker. Der achteckige Bergfried wird erst in späterer Zeit erwähnt, kann aber schon im 13. Jahrhundert existiert haben. Von ihm aus hatten die Wachen einen weiten Rundblick und konnten den westlichen Wall sowie den Burghof beschießen. Die Zugbrücke an der Zufahrt zur Insel ermöglichte ebenfalls Kontrolle und weiteren Schutz. Zu der Fehde von 1290 berichtet der Lübecker Chronist Detmar: „Die von Lübeck bauten auch Prähme wohl gerüstet, damit sandten sie viel Volkes vor das Schloss von Ratzeburg. Darauf schossen sie mit Bliden (Steinschleudern), aber sie gewannen das Haus nicht, sondern richteten ringsum großen Schaden an".

Auf einem Hochplateau am Ufer der Elbe ließ Herzog Bernhard I. in den 1180er Jahren eine Burg errichten, die seit 1296 Residenz der Askanier wurde. Unterhalb der Burg entwickelte sich seit dem 13. Jahrhundert die kleine Schifferstadt Lauenburg, die im Wesentlichen nur aus der heutigen Elbstraße bestand. An ihren Enden befanden sich das Wester- und das Ostertor; die Fundamente des letzteren, das wohl im 16. Jahrhundert beseitigt wurde, konnten ergraben werden. Ein weiteres Tor, das Norder- oder Kuhtor, lag am Anfang des Grabens, bei der Kirche.

Abb. 17   Ratzeburg 1588, kolorierte Radierung von Gerdt Hane aus dem Städtebuch von Braun und Hogenberg, Köln 1588. Ratzeburgs Insellage und das Schloss erübrigten eine Stadtbefestigung.

Es soll nicht unerwähnt bleiben, dass es im 13. Jahrhundert einige Minderstädte gab, also Siedlungen, die für kurze Zeit Stadtrecht besaßen, sich aber nicht weiter entwickelten. Dazu gehörten Zarpen, Grömitz, Grube, Lemkenhafen auf Fehmarn, Warnitz (Varnæs) bei Apenrade und Schwabstedt. Sie waren wohl kaum befestigt, allein Schwabstedt an der Treene, das 1268 Sitz des Bischofs von Schleswig wurde, erhielt bis 1400 Wall und Graben, die tatsächlich auch im Verteidigungsfall benötigt wurden.

5. Stadtbefestigungen im Spätmittelalter

Im 14. und 15. Jahrhundert wurden die Befestigungen aller Städte ausgebaut und erneuert. Die Mauern, Gräben und Tore mussten gepflegt und ausgebessert werden, um im Falle eines Angriffs intakt zu sein. Die städtischen Haushalte waren also ständig mit der Unterhaltung der Befestigungsanlagen belastet, und es gab wiederholt Streitigkeiten mit Bürgern wegen deren Verpflichtung zum Erhalt der Mauern. Seit der Mitte des 14. Jahrhunderts wurden Feuerwaffen in der Militärtechnik immer bedeutender, was im 15. Jahrhundert zu einschneidenden Veränderungen in der Befestigung einzelner Städte Nordelbiens führte.

Aus dem Spätmittelalter gibt es einzelne Beispiele für die tatsächliche Schutzfunktion von Stadtbefestigungen. Erst bei Angriffen und Belagerungen zeigte sich, ob der hohe finanzielle und technische Aufwand über viele Jahrzehnte für die Befestigungen sinnvoll gewesen war; dabei kann nicht abgeschätzt werden, ob die Befestigungen von vornherein abschreckend wirkten und Gegner bereits von Planungen für Angriffe abhielten. Oldesloe wurde 1306 und 1415 erobert, 1331 konnte es Angreifer abwehren. 1412 gelang es einem holsteinischen Heer, Flensburg über die niedrige Klostermauer im Süden zu überrumpeln, die Duburg konnte es aber nicht einnehmen. 1431 wurde die Stadt wieder eingenommen und die Besatzung der Duburg dieses Mal ausgehungert. Da insgesamt aus dem Mittelalter nur wenige militärische Angriffe auf Städte in Schleswig-Holstein überliefert sind, werden die Befestigungen vor allem eine abschreckende und Kontrollfunktion auch gegenüber Räubern, Bettlern und anderen unerwünschten Personen gehabt haben

Im 15. Jahrhundert besaß Schleswig (Abb. 18) sechs bis sieben Wehrtürme, „Berchfrede", vor allem in der nördlichen Stadtbefestigung. Das Hohe Tor in Schleswig war im 15. Jahrhundert eine ausgedehnte Befestigungsanlage mit Außentor, von der aus eine Zugbrücke über den Stadtgraben bedient wurde. Zwischen beiden Toren befand sich ein durch Mauern geschlossenen Raum, der Zwinger. Ein weiteres Tor, das Kalwertor, wird erst 1505 erwähnt, existierte sicher aber schon vorher. Weitere Stadttore waren zum Teil nur kleine Durchlässe und Pforten. Zwischen 1437 und 1507 wird das Fischertor an der Hafenstraße erwähnt. Im Südosten der Stadt wird 1437 ein Steintor genannt, vor dem die ‚Bredebro' über den Stadtgraben führte. In der Verlängerung dieser Straße in Richtung Holm lag die Holmer oder Lange Brücke mit dem Holmer oder Steen Tor, an das 1473 von Zimmerleuten Torflügel angebracht wurden. Am Stadtweg nach Gottorf stand 1488 als Schutz ein Steinturm.

Aus einem Brief von 1420 geht hervor, dass die Burg von Eckenförde seit spätestens 1417 neu errichtet wurde und die benachbarte Stadt unbefestigt

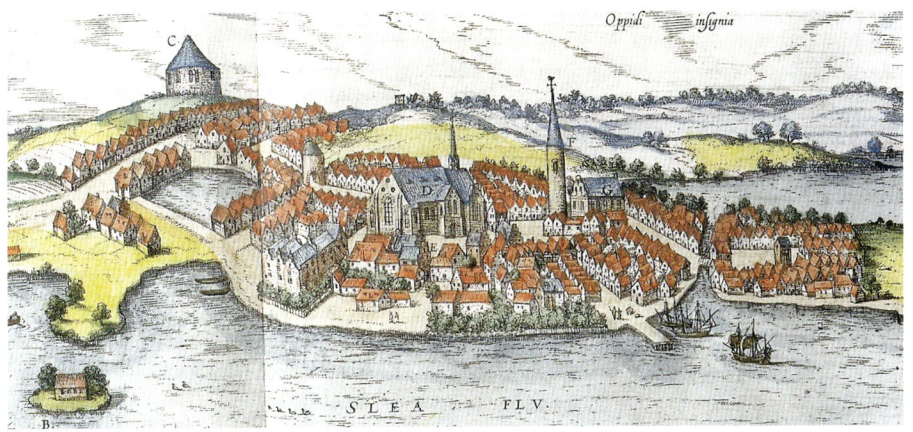

Abb. 18 Schleswig 1588, Ausschnitt aus der kolorierten Radierung von Franz Hogenberg aus dem Städtebuch von Braun und Hogenberg, Köln 1588

war. Auf dem Stich von Braun und Hogenberg von 1588 (Abb. 13) sind als Schutz nach Süden deutlich ein Wassergraben und als Befestigung an der Hauptstraße das Kieler Tor mit einem Treppengiebel zu erkennen, das allerdings erst im 16. Jahrhundert bezeugt ist. Der Wassergraben verläuft jedoch nicht als Sperre über die gesamte Halbinsel; an der Ostseeseite ist von der Bebauung bis in das Wasser eine Palisadenwand mit einer Öffnung zu sehen. Am Ende der Gudewerthstraße scheint eine Häuserreihe als Riegel nach Süden zu fungieren. Die weitgehend von Wasser umgebene Stadt hatte landseitig also kaum Befestigungen nötig.

Um den späteren Südermarkt entwickelte sich in Flensburg (Abb. 19) ein weiteres Handelszentrum, das seit der Mitte des 13. Jahrhunderts einen gemeinsamen Rat mit der Siedlung um den Nordermarkt besaß. Seit der Mitte des 14. Jahrhunderts wurden beide Siedlungen mit einer gemeinsamen Stadtmauer sowie Türmen und Toren umgeben. Im Konflikt mit König Waldemar Atterdag soll Graf Claus von Holstein 1345 oder 1358 den Bürgern von Flensburg gestattet haben, eine Mauer zu errichten. Der Verlauf der Flensburger Stadtbefestigung im Spätmittelalter ist recht gut erforscht. Im Süden wurde die Stadt durch den kleinen Mühlenteich und die Ringmauer um das Kloster geschützt. Von dort bis zum Marienberg (Toosbüystraße) zog sich an der Westseite der Stadt die Mauer mit dazugehörigem Wassergraben (Norder- und Südergraben) entlang. Da sie aber auf halber Höhe des Abhangs verlief, war ihr Verteidigungswert eingeschränkt, und es wurde ihr zwischen der heutigen Friesischen Straße und

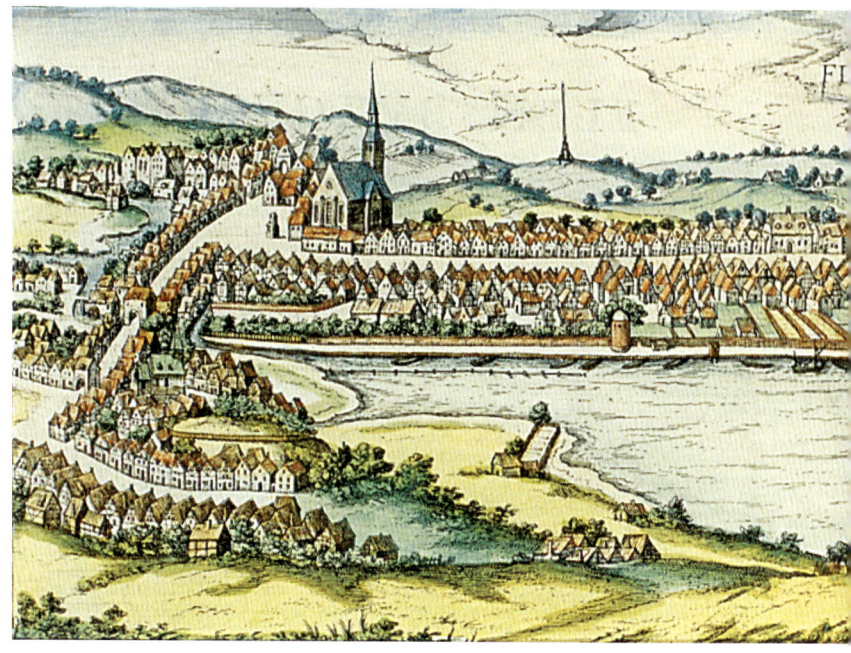

Abb. 19   Flensburg 1588, kolorierte Radierung von Franz Hogenberg aus dem Städtebuch von Braun und Hogenberg, Köln 1588

der Selckstraße eine Landwehr vorgelagert. Erhaltene und ergrabene Reste der Stadtmauer aus ihrer Entstehungszeit zeigen, dass der untere Teil aus unbehauenen Feldsteinen bestand, auf den eine Mauer aus klosterformatigen Ziegeln aufgesetzt war. Auch nach Norden wurde Flensburg in Höhe der späteren Neuen Straße durch eine Mauer geschützt. Zur Förde hin besaß es nur im Norden und im Süden eine Mauer, der Mittelteil – etwa zwischen Schiffbrücke und Rathausstraße – war ungeschützt, vermutlich weil die Förde dafür ausreichte, insbesondere aber, um das ungehinderte Be- und Entladen der Schiffe zu gewährleisten. Zu Beginn des 15. Jahrhunderts soll Erich von Pommern die Erhöhung der Flensburger Stadtmauern angeordnet haben.

Vier Haupttore gewährten im Mittelalter den Zugang nach Flensburg. Im Süden, unmittelbar am Kloster, an der engsten Stelle der Roten Straße lag das um 1350 errichtete Rote Tor. An der Friesischen Straße im Südwesten lag das Friesentor (vresendore), das auf der Stadtansicht von Braun und

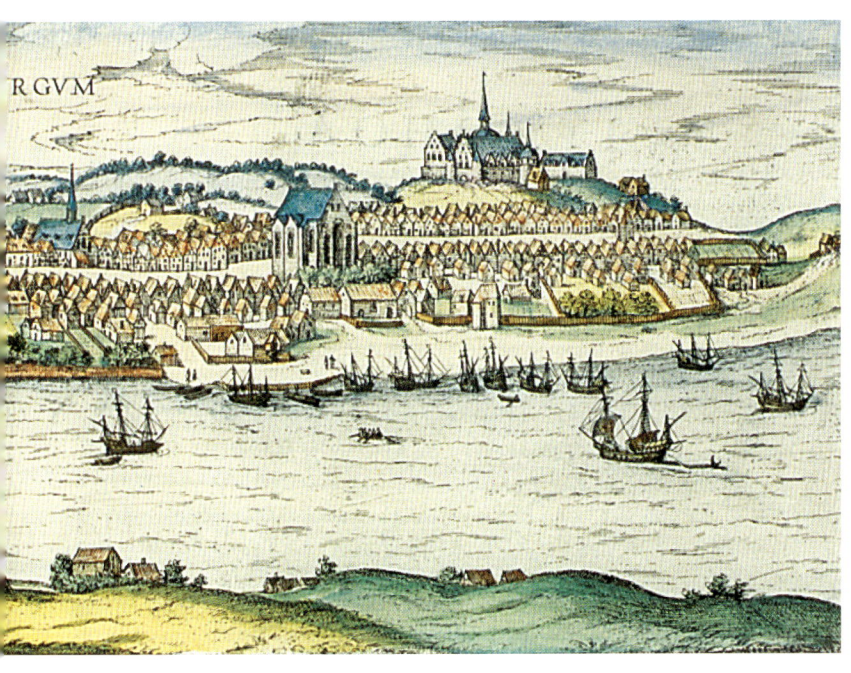

Hogenberg einen turmartigen Aufbau trägt. An der Norderstraße trennte die Neue Pforte das Marienkirchspiel von der Ramsharde. Ihr vorgelagert – also als Außentor außerhalb der eigentlichen Stadtmauer – lag das Nordertor (zwischen Norderstraße Nr. 122 und 147). Den südöstlichen Eingang der Stadt schützte das Mühlentor, das 1436 auch ‚Angelboporte‘ genannt wird. Es lag an der Angelburgerstraße über dem Mühlenstau. Von beiden Seiten führte ein erhöhtes Straßenpflaster (hoge brügge) auf das Tor zu. In der Verlängerung dieser Straße wurde die Vorstadt um St. Johannis von einem ähnlichen, nur kleineren Tor, der Johannispforte, gesichert. In der Stadtmauer könnte es im Spätmittelalter durchaus noch weitere kleine Durchlässe gegeben haben.

In der Stadtmauer Flensburgs befanden sich wie in Schleswig mehrere Türme. Erwähnt werden der Flache Turm an der Schiffbrücke (1463), der allerwestlichste Turm (allerwesterste torn), der Turm westlich der Neuen Pforte und der viereckige Turm in der Hafenmauer (heute Nikolaistraße).

An der Nordostecke der St.-Marien-Stadtbefestigung befand sich ein Gebäude, das auf dem Stadtsiegel aus der Zeit um 1300 als achteckige Turmburg dargestellt wird. Es war zuerst Sitz des königlichen Vogts, seit dem 15. Jahrhundert dann Sitz des Stadtvogts. Während des Krieges um Flensburg von 1409 bis 1431 wurde das Gebäude in eine viereckige Befestigung mit einer Grundfläche von 10 × 10 Metern umgebaut und schwer beschädigt. Die Burg auf dem Marienberg ließ Königin Margarethe I. von Dänemark 1411 zur Festung Duburg ausbauen, die anfangs nur eine militärische Funktion hatte, seit 1490 aber auch repräsentativen Zwecken diente.

Sonderburg, das vor 1423 Stadtrechte erhielt, lag im Schutz seiner Burg und war von Wasser umgeben. Von Apenrade ist bekannt, dass es außer von der Burg seit der zweiten Hälfte des 14. Jahrhunderts von einem Graben geschützt wurde. Seine Wehrfunktion wurde durch neuere archäologische Untersuchungen deutlich: Er war immerhin 19 Meter breit und vier Meter tief. Die Apenrader Stadtkirche lag erstaunlicherweise außerhalb der Stadt und dieses Grabens und wurde durch einen eigenen Wall und Graben gesichert. Im Norden von Hadersleben wurde im 15. Jahrhundert ein ca. 20 Meter breiter Graben angelegt, der aber vor allem wohl die Aufgabe hatte, bei zu hohem Wasserstand das Mühlenwasser abzuleiten. In diesem Jahrhundert sicherten drei Tore die Stadt. Der Prediger Lautrup erwähnt in seiner Stadtgeschichte von Hadersleben 1844, in der Mitte der Stadt „führte der Weg durch ein großes gewölbtes Thor, das mit einem hohen Thurm versehen war, ganz dem hohen Thore in der Stadt Schleswig ähnlich, welches denselben Namen ‚dat hooge Door' hat. Dieses Thor war ursprünglich das südliche Stadttor, vor demselben bildeten unbedeutende Wohnungen die Vorstadt. So wie man durch dies Thor passirte, gelangte man sogleich in das bedeutende Territorium der Kirchen und Klöster, das sich bis zum Bischofssitze erstreckte." Husum erhielt erst zu Beginn des 17. Jahrhunderts Stadtrechte, bereits im Fleckensrecht von 1465 wurde ihm aber die Freiheit zugestanden, eine leichte Befestigung sowie Tore an den Ausfallstraßen zu errichten. Aus späterer Zeit sind das Norder-, Oster- und Südertor bekannt. Sein Stadtwappen zeigt heute ein Tor und Palisaden.

Trotz seiner exponierten Rolle als Grenzburg zwischen Holstein und Schleswig, als Handelsstadt und Residenz besaß Rendsburg im Mittelalter keine Befestigung. Die Insellage in der Eider und die Burg boten der Stadt Schutz. Die Reinoldesburg wurde um 1150 zur Grenzsicherung gegen die Dänen errichtet. Neben der Burg entwickelte sich die Handelssiedlung, die wohl in der Mitte des 13. Jahrhunderts Stadtrechte erhielt. An beiden Enden der Durchgangsstraße befand sich ein Tor: im Norden das Mühlentor und im Süden das Holstentor. Ein weiteres Tor, das „hukesdor", sicherte den Zugang zu den Hafenanlagen. Die Hausgrundstücke waren zum

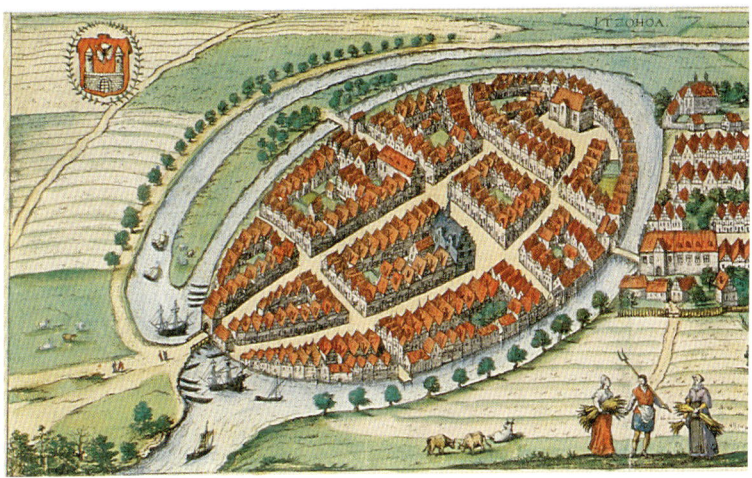

Abb. 20   Die Neustadt von Itzehoe 1588, Auschnitt aus der kolorierten Radierung von Franz Hogenberg aus dem Städtebuch von Braun und Hogenberg, Köln 1588

Wasser hin eingezäunt, das reichte zur Sicherung aus. Wie in anderen Städten waren auch die Bürger Rendsburgs zu Erd- und Bauarbeiten zum Schutz der Stadt verpflichtet und ließen sich im Einzelfall davon entbinden. Das „Burwerk" wird in Rendsburg erstmals 1447 und dann 1485 erwähnt. In den Stadtrechten des Mittelalters wird die Verpflichtung der Bürger zum „Burwerk" festgeschrieben. Ein Streitfall aus Kiel aus dem Jahr 1506 deutet darauf hin, dass diese Verpflichtung nur für Vollbürger galt, die sie zumindest seit dem 15. Jahrhundert nicht mehr unbedingt persönlich leisteten und durch Geldzahlungen ablösen konnten.

Erst 1303 gewährte Graf Heinrich I. dem Rat und den Bürgern von Itzehoe Vergünstigungen, damit sie die Stadt – vermutlich nur die Neustadt in der Störschleife – jährlich mit Pfosten und Planken befestigen könnten. Die Brücken über die Stör werden durch Bollwerke und Tore gesichert gewesen sein. Auf dem Stich von Braun und Hogenberg, der den Zustand Itzehoes von 1570 zeigt (Abb. 20), sind deutlich Tore in der Neustadt hinter der Delf-, Schweine- und Langen Brücke zu erkennen. Die Altstadt am Geesthang war im Spätmittelalter allerdings nur durch Zingel, hölzerne Befestigungen, an den Zufahrtstraßen geschützt, die erstmals 1479 erwähnt werden. Wilster war im Norden von einem Graben umgeben, der erstmals 1380 erwähnt wird. Er hieß zwar „borchgraven", eine Burg gab es hier aber

Abb. 21   Die ältere Kieler Stadtmauer aus dem Beginn des 14. Jahrhunderts bei der Alten Hauptfeuerwache, Foto der Ausgrabung von Willi Kramer 1991. Die Mauer war 90 Zentimeter dick, besaß Feldsteinfundamente, und an ihrer Innenseite lag ein Feldsteinpflaster.

nicht. Der Name „Zingelstraße" deutet eher auf eine vorhandene Planken-befestigung hin. Vier Tore an den Ausfallstraßen trugen zur Sicherheit bei: das Neßtor, das Biskoppertor, das 1383 erwähnte Dammflether Tor und das Diekdorfer Tor. Zudem war Wilster durch die schlechten Landwege in der Marsch vor überraschenden Angriffen geschützt. Ungleich stärker als Wilster scheint Krempe, das durch Schifffahrt und Handel aufblühte, be-festigt gewesen zu sein. 1333 gab Graf Johann III. seine Einwilligung, zur Befestigung der Stadt mit Wall, Graben und Palisaden. In dieser Zeit werden auch die vier Stadttore in Richtung Krempdorf, Elskop, Neuenbrook und Grevenkop entstanden sein. Bis auf das erste werden sie aber alle erst im 16. Jahrhundert erwähnt.

In Hamburg lassen Vereinbarungen zwischen dem Rat und den Klöstern in den Jahren 1314 und 1315 über die von ihnen zu errichtenden Mauern Rückschlüsse auf die Bauweise der Mauern zu. Sie sollten 20 Fuß von der Erde und 40 Fuß vom Wasser hoch sein, am Erdboden $3\frac{1}{2}$ und oben 2 Fuß dick. Seit der zweiten Hälfte des 13. Jahrhunderts wurden die Mauern durch Türme zusätzlich gesichert. Verstärkte städtische Ausgaben für den Mauerbau lassen z. B. im letzten Viertel des 14. Jahrhunderts auf die Baufälligkeit der Befestigung schließen, die nach 150 Jahren Existenz auch sehr wahrscheinlich war. Andere Städte mit einer umfangreichen Befestigung werden diese laufend wiederkehrenden Kosten ebenfalls gehabt haben.

Die holsteinischen Grafen hatten kaum Versuche gemacht, Hamburgs Selbständigkeit anzutasten. Als das Grafenhaus 1459 jedoch ausstarb und

Abb. 22 Rekonstruktionszeichnung der älteren Kieler Stadtmauer mit Blendbögen an der Stadtseite, Zeichnung von A. Hebel

der dänische König Landesherr von Holstein wurde, wuchs die Gefahr von Ansprüchen der dänischen Könige an die wohlhabende Stadt. Bereits 1461 erschien Christian I. vor Hamburg und verlangte die Huldigung. Gegen diese Ansprüche konnte sich die Stadt nur durch diplomatische Verhandlungen und eine Verbesserung ihrer Verteidigungsanlagen zur Wehr setzen. Lüneburg hatte sich bereits 1430 mit Erdwällen geschützt, und in Hamburg wird man erfahren haben, dass die Mauern Konstantinopels 1453 von den Türken mit Kanonen zerschossen wurden. Erdwälle hatten nicht nur den Vorteil, dass sie Kanonenkugeln abfingen, auf ihnen konnten auch Geschützbastionen angelegt werden. Seit etwa 1350 besaß Hamburg eigene Feuerwaffen und baute seinen Geschützpark kontinuierlich aus. Die Pest in der Stadt 1464 und der Kaperkrieg der Hanse gegen England 1472/73 verzögerten die Anlage von Wällen vor den Stadtmauern, die dann zwischen 1475 und 1499 ausgeführt wurden. Jeder Bürger war zu Schanzarbeiten verpflichtet, Fachleute warb die Stadt allerdings von auswärts an, Wallmeister gab es in Hamburg noch nicht. In unterschiedlicher Höhe wurden die Wälle um die Stadt herum – beginnend im Nordosten und mit Ausnahme des Südens – aufgeworfen und Gräben ausgehoben. Die steilen Wälle wurden mit Schichten von Holzstämmen verstärkt und mit Grassoden belegt. Nun mussten aber auch die Tore um- oder neu gebaut werden. 1482 ließ sich der Rat von zwei Meistern aus Göttingen beraten, wie die Tore erweitert werden könnten, war mit den Vorschlägen aber nicht zufrieden. Im folgenden Jahr schickte er Johann Holthusen und Johann Gherdes nach Lübeck, um das neu erbaute Holstentor zu besichtigen. Noch im selben Jahr war der Baubeginn für das neue Steintor, das ähnlich wie das neue Spitalertor aus zwei mächtigen runden Türmen von fast 14 Metern Durchmesser und 20 Metern Höhe und dazwischen einem Gewölbe bestand. Der alte nun rückwärtige Stadtgraben wurde auf einem Damm überquert, der neue erhielt eine Zugbrücke. Während das Niederntor offenbar geschlossen wurde, erfolgten bei den anderen Stadttoren aufwendige Erweiterungen, beim Winser Tor (1445), beim Schaartor (1504) und beim Millerntor (1499). Zusätzlich wurden Blockhäuser vor den Toren und am Ende des Reesendamms am Alsterstau um 1498 ein Turm errichtet.

In Kiel erwähnt das Rentebuch 1329 eine Mauer, 1329 und 1455 Palisaden und Mauern. Eine erste Backsteinmauer wurde 1311/14 zwischen dem Klosterkirchhof und der Haßstraße erbaut, nachdem die Gräben der alten Befestigung verfüllt und die Niederung um die Halbinsel aufgeschüttet worden waren, um Bauland zu gewinnen. Die 90 cm starke Mauer (Abb. 21) lag auf einem Feldsteinfundament auf und besaß stadteinwärts Blendbögen (Abb. 22), wodurch sie weniger Gewicht hatte und Ziegelsteine eingespart wurden. Im 15. Jahrhundert erfolgte im Nordwesten mit dem Bau der „Neuen Stadtmauer" eine Erweiterung des Stadtareals auf

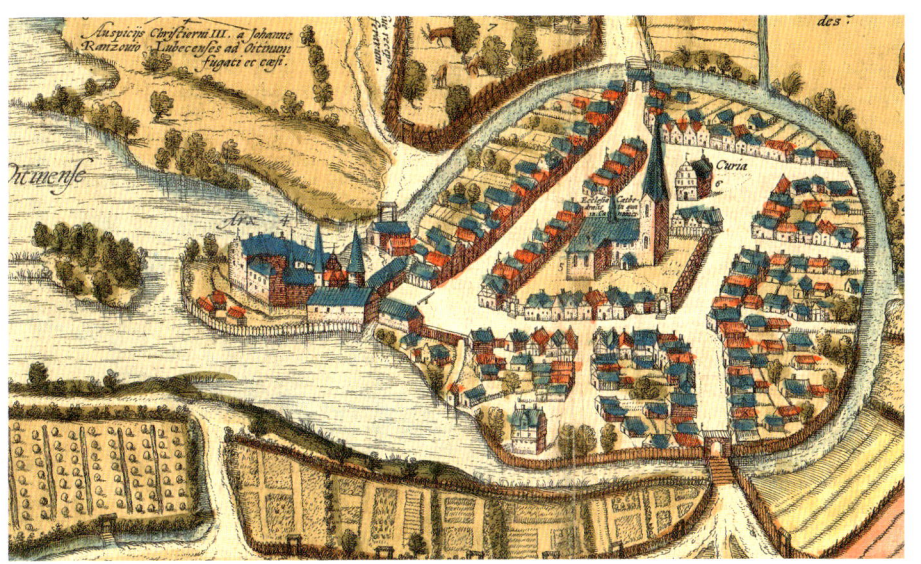

Abb. 23 Eutin vor 1598, Ausschnitt aus der kolorierten Radierung von Franz Hogenberg aus dem Städtebuch von Braun und Hogenberg, Köln 1588. Eutin war nur durch das Wasser, Palisaden an einigen Stellen und die drei Stadttore geschützt.

14 ha. Die Ersterwähnung der Kieler Stadttore ist – wie bei den anderen Städten – sicher nicht deren Baudatum. Das wichtigste Tor, das Holstentor, wird z. B. erst 1449 (porta Kilonensis) genannt, alle anderen – außer dem Pfaffentor (1555) – bereits früher: das Fischertor 1336, das Flämische Tor 1336, das Schuhmachertor 1340, das Haßtor 1415 und das Dänische Tor 1435. Darüber hinaus war die Stadtmauer mit Türmen versehen. Kiel erscheint damit im Mittelalter als eine Stadt mit einer starken Befestigung, die auch gut erforscht ist.

Plön war anfangs wohl nur über die Lübecker Straße erreichbar und wurde durch die Seeufer und im Osten durch die Schwentine begrenzt. An dieser Stelle befand sich das 1461 erstmals erwähnte Lübecker Tor. Im Westen der Stadt wurde die Lange Straße durch das ebenfalls 1461 genannte Wentorfer Tor abgeschlossen; hier wird auch ein Stadtgraben erwähnt. Zusätzliche Befestigungen, hölzerne Zingel, gab es 1376 im westlichen Vorfeld der Stadt. Eine weitere Stadtbefestigung hatte Plön nicht, die Tore dienten wohl überwiegend polizeilichen und fiskalischen

43

Abb. 24   Lübeck auf dem Altar der Revaler Stadtkirche von Hermen Rode 1482. Deutlich ist die hohe Backsteinmauer mit den Türmen im Osten der Stadt zu erkennen.

Funktionen. Schutz boten der Stadt vor allem ihre unzugängliche Lage und die Burg.

In Eutin, das durch die bischöfliche Wasserburg und seine topographische Lage geschützt war, wird 1332 erstmals das Lübecker Tor im Süden erwähnt. Im Norden lag am Ende der Sackstraße (heute Am Rosengarten) das erst 1528 erwähnte Sacktor, zu dessen beiden Seiten auf dem Stich von Braun und Hogenberg (Abb. 23) um 1590 Palisaden zu erkennen sind. Als eine der wenigen Städte Ostholsteins war Neustadt im Mittelalter von einer Befestigung aus Wall, Graben und Mauern umgeben. Bei der Erwähnung des Stadtbrandes von 1399 werden auch Planken genannt. Die 1424 und 1474 erwähnten Stadtmauern sollten wohl besonders gefährdete Stellen schützen. Neustadt besaß drei Stadttore: das Brücktor, das Hohe Tor im Osten und das noch erhaltene Kremper Tor im Norden. Das gelegentlich erwähnte Krabbentor in der Verlängerung der Königstraße war vermutlich nur eine Pforte. In Anlehnung an die drei Haupttore war die Bürgerschaft Neustadts – im Mittelalter hatte die Stadt nicht mehr als 1.000 Bewohner – in drei Quartiere eingeteilt, deren jedes für die Verteidigung eines zugewiesenen Teils der Befestigung zuständig war. Diese Bürgerpflicht gab es in ähnlicher Form in allen Städten, Stadtviertel oder Kirchspiele dienten zugleich der Wehrorganisation. Auch die Zünfte einzelner Berufsgruppen wurden zur Verteidigung herangezogen. Die Verpflichtung der Bürger zum regelmäßigen Wachdienst an den Toren hielt sich bis in das 19. Jahrhundert; in Mölln z. B. versahen ihn 1570 jeweils sieben Bürger.

44

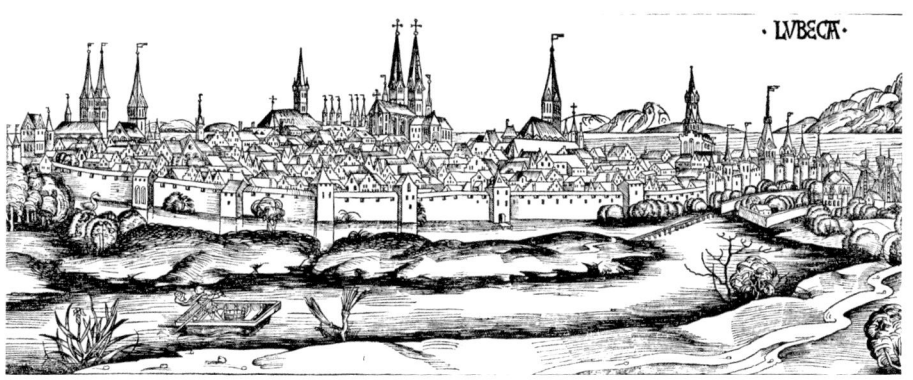

Abb. 25   Lübeck von Osten in Hartmann Schedels Weltchronik von 1493.
Die Ansicht von Hermen Rode diente für diesen Holzschnitt sicher als Vor-
lage und hebt ebenfalls die Stadtmauern hervor.

Die Stadtausgänge Oldenburgs waren im Spätmittelalter durch Tore gesichert. Das Burgtor existierte spätestens um 1400, befand sich im Mittelalter aber wohl noch an der Verengung hinter dem Hopfenmarkt im Norden. Das Kuhtor im Osten wird ebenfalls um 1400 genannt. Das Dolgentor im Süden, 1370 erstmals nachgewiesen, wurde mehrmals mit der Stadterweiterung weiter nach Süden verlegt. Das Schmütztor (1370) im Westen lag hinter der Einmündung der Kleinen in die Große Schmützstraße. Es kann aber bezweifelt werden, dass diese Tore eine tatsächliche Schutzfunktion im Verteidigungsfall hatten, da sie in der Frühen Neuzeit nur einfache Holztore waren.

Im 14. Jahrhundert wurden in Lübeck das Holstentor erneuert (1376) sowie ein Turm beim Burgtor und das mittlere Mühlentor errichtet (ca. 1380). Verglichen mit dem Jahrhundert davor und danach waren das relativ wenige Veränderungen, vielleicht, weil der aufwendige Ausbau der Befestigungen aus dem 13. Jahrhundert noch intakt war und den Bedürfnissen noch genügte. Im 15. Jahrhundert erzwang das zunehmende Aufkommen der Feuerwaffen die Anpassung der Befestigungsanlagen (Abb. 24 u. 25). Mehrere Türme verstärkten die Stadtbefestigung: der Hexenturm beim Marstall (1429), der Absalonsturm auf dem Hüxterdamm (1450), der Blaue Turm unterhalb der Beckergrube (1452–1463) und vor dem Mühlentor der neue Fischerturm als Schutz für den Mühlendamm (1494–1497). In den Jahren 1468 bis 1472 wurde die Wakenitzmauer mit ihren Türmen erneuert. Das äußere (dritte) Burgtor wurde 1444 errichtet (Abb. 26); die beein-

Abb. 26   Rekonstruktionszeichnung der Burgtorfront in Lübeck um 1450

druckendste und gut dokumentierte Baumaßnahme war jedoch das äußere – später mittlere – Holstentor. Der Zeitpunkt seiner Erbauung von 1467 bis 1478 legt die Vermutung nahe, dass es als Demonstration lübischer Freiheit gegen König Christian I. von Dänemark errichtet wurde, der seit 1460 auch Herr über Schleswig und Holstein geworden war. Das Holstentor war zuerst als Wassertor in der Traveniederung geplant, wurde aber bald in einen neuen Wall und Graben integriert. Nach dem Vorbild flandrischer Doppelturmtore ließ der Ratsbaumeister H. Helmstede die dreigeschossige Anlage (Abb. 1) mit Schießscharten, einem rundbogigen Durchfahrtstor und umlaufenden Terrakottafriesen erbauen.

Lübeck besaß noch eine Besonderheit, die in Nordelbien ansonsten nur noch für Hamburg bekannt ist: Im Jahr 1449 waren in fast allen Straßen Ketten vorhanden, mit denen die Straßen im Fall von Angriffen oder Unruhen gesperrt werden konnten. In etwa einem Meter Höhe waren sie an einer Straßenseite mit einer Eisenkrampe befestigt; ein dort wohnender zuverlässiger Bürger hatte im Bedarfsfall die Aufgabe, die Kette an der anderen Straßenseite anzuschließen. 1641 werden 116 solcher Ketten in Lübeck erwähnt. Sie wurden erst 1813 von den französischen Besatzungsbehörden entfernt und zur Sperrung der Trave verwandt; bis 1844 dienten dann noch mehrere Ketten zur Sperrung der Hüxstraße und der Fleischhauerstraße bei Sitzungen des Rats, des Obergerichts und der Wette. In Hamburg werden Sperrketten in den Straßen erstmals 1370 erwähnt. Als Sperren auf den Wasserläufen besonders im Hafenbereich dienten in mehreren Städten schwimmende Bäume.

Travemünde spielte seit dem Ende des 12. Jahrhunderts eine umstrittene strategische Rolle im Kampf um den Travehandel, als Graf Adolf III. von Schauenburg dort 1187 einen Turm errichten ließ, um den Schiffsverkehr zu kontrollieren. 1320 erwarb Lübeck den Turm, legte ihn nieder und kaufte

1329 auch den kleinen Ort, der 1317 Stadtrechte erhalten hatte. Ein Leuchtturm half dem Schiffsverkehr, und eine zu unbekannter Zeit von Lübeck errichtete Schanze sicherte ihn. Die Stadt Travemünde war durch Wall und Graben geschützt, erwähnt werden sie aber erst im 16. Jahrhundert. Weiteren Schutz boten die Schilfniederung im Norden und die Travenbucht im Westen.

Im Vergleich zu anderen Städten auf dem Gebiet des heutigen Schleswig-Holstein besaß Mölln im Spätmittelalter eine ungewöhnlich starke Befestigung. Der Marktort gelangte von 1359 bis 1683 in lübeckischen Pfandbesitz und erhielt dadurch für die Travestadt eine wichtige strategische Bedeutung an der Salzstraße. Entsprechend groß war die finanzielle Unterstützung der Reichsstadt für den Ausbau der Möllner Befestigung. Zu Beginn des 14. Jahrhunderts galt Mölln als stark befestigte Stadt, besaß also wohl eine Mauer. Das Steintor im Südwesten wird erstmals 1325 und das Gülzer Tor (Wassertor) an der Brücke im Norden über den hier etwa 60 Meter breiten See 1328 genannt. Außer diesen beiden Haupttoren gab es noch das Pinnower Tor im Osten (heutige Jähnenstraße), das aber später geschlossen wurde. Nach 1409 erfolgte der Ausbau der Befestigung u. a. mit der Anlage von Doppeltoren (Abb. 27); das innere Steintor erhielt 1459 einen viereckigen Turm von 20 Metern Höhe. Etwa zur selben Zeit wurde die Stadtmauer mit weiteren Türmen versehen, von denen es schließlich 16 gab. Artillerieverzeichnisse von 1486, 1505 und 1623 geben einen Einblick in den Ausbau der Stadtbefestigung, der im 16. Jahrhundert fortgesetzt wurde. Es folgten ein Zwingerturm vor dem Steintor, ein neuer Erdwall mit Bastionen zwischen den beiden Stadtgräben 1557 und ein neues Außentor für das Wassertor 1598. Die Befestigungstechnik passte sich damit den neuen Anforderungen in der Waffentechnik an.

Bergedorf, das 1420 von den Städten Lübeck und Hamburg erobert und seitdem gemeinsam verwaltet wurde, besaß seit 1275 Stadtrechte. Die Siedlung wurde von der sie umfließenden Bille und dem Schloß geschützt. Nur an den beiden Stadtausgängen gab es als Befestigungen das Holstentor und das Sachsentor.

Der Schutz einiger Städte begann nicht erst unmittelbar vor dem besiedelten Stadtgebiet mit Wällen und Mauern, sondern bereits in größerer Entfernung mit Landwehren, die die ungehinderte Annäherung von Feinden stören sollten. Jede Stadt versuchte, um sich herum ein Areal zu sichern, das als Viehweide, für die Holznutzung und zur Kontrolle der Zufahrtswege diente. Lübeck begann in seiner Feldmark 1303 eine Landwehr zu errichten, wozu die Stadt vielleicht 1301 durch den Einfall eines Heers des lüneburgischen Herzogs Otto veranlaßt wurde. Zuerst wird ein Graben (fossatum) im Westen der Stadt an der Grenze zum holsteinischen Gebiet zwischen dem Tremser Teich und Hohenstiege an der

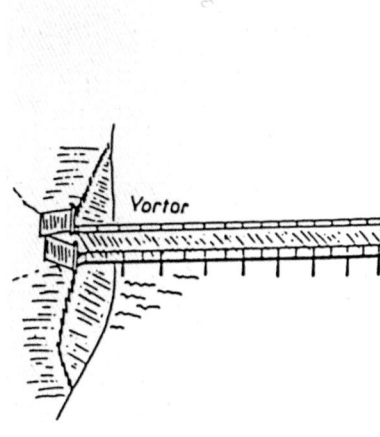

*Abb. 27 Mölln, Rekonstruktionszeich-
nung des Wassertors mit dem Außen- und
Innentor und dem dazwischen liegenden
Zwinger*

Trave erwähnt. Ein zugehöriger Erdwall von 3,75 Metern Höhe und 12
Metern Breite ist noch heute gut zu erkennen. Sofern nicht natürliche
Wasserläufe die weitere Landwehr bildeten, wurden Wälle errichtet, an
besonders gefährdeten Stellen bis zu fünf parallel gestaffelt. Sie sind z. B.
beim Hof Brandenbaum und im Wesloer Forst – „Schwedenschanzen"
genannt – erhalten. Die Befestigungen der Landwehren sollen in einer
ersten Phase bis 1350 und dann erneut im 15. Jahrhundert besonders gegen
Mecklenburg ausgebaut worden sein.

Die mit dichten Hecken bewachsenen Wälle und die undurchdringlichen
Niederungen dienten nicht der direkten Verteidigung, sondern vor allem,
um die Zugänge zur Stadt auf bestimmte, leicht kontrollierbare Zugänge zu
beschränken. Dies waren bei Lübeck die Straßen nach Eutin, Segeberg,
Oldesloe, Hamburg, Ratzeburg, Mecklenburg und Wismar. An den Durchlässen Richtung Eutin, Hamburg, Wismar und Ratzeburg standen Wach-
türme. Je mehr die Macht Lübecks im 16. Jahrhundert abnahm, desto öfter
gab es Angriffe zuerst auf die Landwehren im Vorfeld der Stadt: 1506
wurde der Wachturm bei Schlutup von Mecklenburgern niedergebrannt,
1509 der Tremser Turm durch dänische Truppen. 1534 wurde der wieder
aufgebaute Schlutuper Turm durch die eigene Besatzung in Brand gesteckt,
als holsteinische Truppen angriffen. Um 1600 verloren die Landwehren ihre
Verteidigungsfunktion, die nun auf die eigentliche Stadtbefestigung
beschränkt wurde.

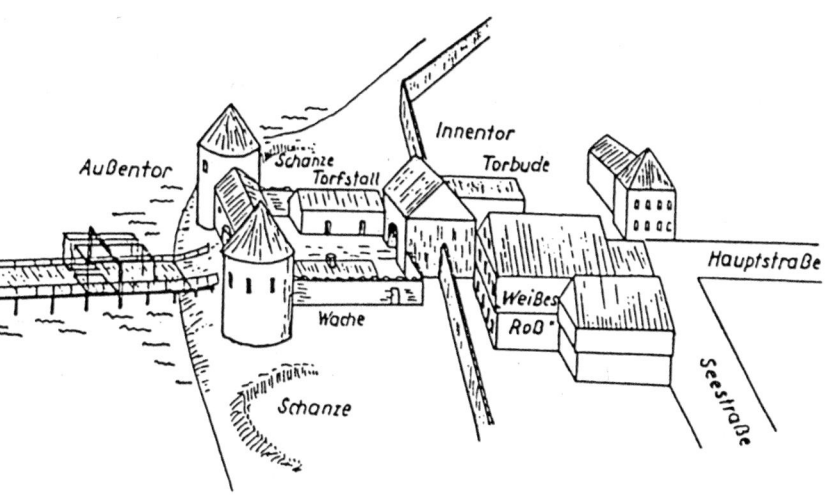

6. Der Schutz vor den Feuerwaffen

Die kriegerischen Auseinandersetzungen infolge der Reformation und das Erstarken der Landesfürsten waren nur zwei von vielen Gründen, die im 16. Jahrhundert einen Ausbau von Stadtbefestigungen erzwangen oder – im Fall einiger kleiner Städte – deren Nutzlosigkeit bei Angriffen größerer Heere zeigten. Waren es im Mittelalter in der Regel einzelne Adlige, die eine Stadt bedrohten, so konnten die Fürsten nun große Landsknechtsheere mit Feuerwaffen aufbieten. Die befestigten Orte bekamen für die Landesherren immer mehr eine strategische Bedeutung in der Landesverteidigung. Sie dienten als Sammelstellen für das Aufgebot. Die wehrpflichtigen Männer der einzelnen Regionen wurden z. B. nach einer Verordnung von 1539 im Verteidigungsfall nach Tondern, Gottorf, Rendsburg, Kiel, Segeberg, Krempe und Breitenburg bestellt. Diese Orte mussten dann nach einem genauen Plan von den Bauern mit Lebensmitteln versorgt werden, um sich möglichst lange halten zu können.

Wie rasch sich die Verteidigungsbedürfnisse damals wandelten, kann gut am Beispiel von Hamburg gezeigt werden. Erst um 1500 war die neue Befestigung der Stadt aus Erdwällen fertiggestellt worden, 30 Jahre später war sie schon überholt. Vor allem mussten technische Verbesserungen zum Bestreichen der Wälle und Gräben durchgeführt werden, es wurden also Türme, Rondelle und Bastionen benötigt. Letztere tauchten zu dieser Zeit erstmals in Italien auf. Im 16. Jahrhundert begann auch eine theoretische Auseinandersetzung mit der Stadtgestalt, die sich in Architekturtraktaten und gedruckten Stadtansichten niederschlug; die zahlreichen Stiche im Städtebuch von Georg Braun und Franz Hogenberg sind hervorragende Bildquellen für die Städte und deren Befestigungen in der damaligen Zeit.

In Hamburg wurden auf Beschluss von Rat und Bürgerschaft von 1531 bis um 1550 die Ausbauarbeiten der Befestigungen durchgeführt, für die die Bürger eine besondere Abgabe zahlen mussten. Die Wälle wurden erhöht, Gräben verbreitert, Schießscharten und Rondelle angelegt und einzelne Tore mit Außenwerken versehen. 1542 wurden zwei Sachverständige nach Geldern geschickt, um die dortigen Rondelle und Mauern zu besichtigen. 1546 wurde – parallel zum alten – der Neue Wall fertiggestellt. Ein mächtiger gedrungener Turm in der Nähe des Millerntors diente 1548 der Verstärkung des Walls und besaß große Feuerluken für Geschütze. Er hieß Pulverturm, da in ihm in Friedenszeiten das Pulver aufbewahrt wurde. Im Westen Hamburgs bestand das Problem, dass das Gelände anstieg und Angreifer über die Wälle hinwegsehen und -schießen konnten. Der neue Wall musste also ständig erhöht werden. Um auch einen Angriff mit Booten über die Alster zu verhindern, wurde quer über sie eine doppelte Pfahlreihe mit versetzten Durchfahrten eingerammt. Als letzte Maßnahme wurde 1547 auch der Brook im Niederungsgebiet südlich der Stadt mit einem Wall und zwei schmalen Fachwerktoren, dem Brooktor und dem Sandtor, versehen. Diese umfangreichen Erweiterungen der Hamburger Stadtbefestigung (Abb. 28) machten auch eine Neuregelung der Verteidigung durch das Bürgermilitär nötig, so dass 1565 und 1576 neue Wallordnungen erlassen wurden.

Auf der Darstellung Bergedorfs von Hans Frese von 1593 hat das dortige Holstentor einen ungewöhnlichen Standort: es lag nicht auf der Stadtseite, sondern außerhalb auf einer Insel im schützenden Wasserlauf, und die Zugbrücke konnte vom Tor aus Richtung Stadt gesenkt werden. 1601 war das Tor „dermaßen verfallen, dass ein jeder wan es geschlossen, bey Nacht zeiten darüber steigen kann", wie der Amtmann Gerhard Granzin damals an den Lübecker Rat schrieb. Er ließ das Tor abbrechen und innerhalb von 16 Wochen – vom Winter unterbrochen – im Oktober und November 1601 sowie April bis Juni 1602 ein neues Tor bauen. An dem Bau waren ein Maurer mit sieben Gesellen aus Hamburg und ein Zimmermeister aus Bergedorf tätig. Das Baumaterial – bis auf das Holz – wurde aus Hamburg mit Schiffen herangefahren, insgesamt wurden für das zweistöckige Gebäude 39.500 Ziegel vermauert. An beiden Seiten des Tores waren die Wappen von Hamburg und Lübeck angebracht. In dem Tor wohnte der Schließer, später dann der Stadtmusikant.

Zu Beginn des 16. Jahrhunderts wurden auch in Lübeck die Stadtbefestigungen – durchaus von Finanzierungsproblemen verzögert – durch Rondelle und Ausbauten umfangreich erweitert, um die Wälle und Gräben im Fall

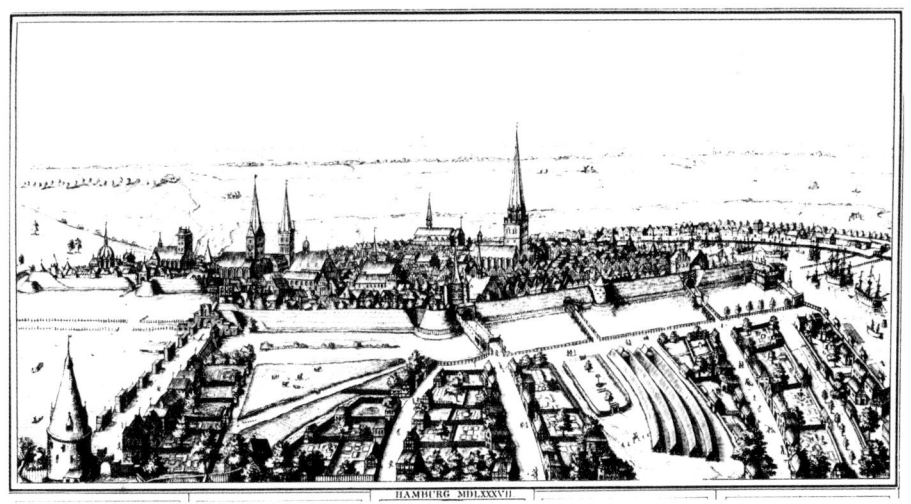

Abb. 28   Hamburg 1587, Lithographie des 19. Jahrhunders nach einem Kupferstich. Im Westen der Stadt war das Gebiet außerhalb der Wallanlagen des 16. Jahrhunderts bereits besiedelt. Links ist das Dammtor zu erkennen.

eines Angriffs seitlich bestreichen zu können. Das Mühlentor (1550–1552) und das Holstentor (1585) erhielten in den Bauformen der Renaissance je ein äußeres Tor. Südlich des Holstentors war der Wall seit 1560 unvollendet. Am Ende des 16. Jahrhunderts war die Befestigungstechnik der Erdrondelle auch schon wieder technisch überholt. Nun wurden andernorts nach italienischem Vorbild polygone Bastionen errichtet. Der Lübecker Rat beauftragte darauf 1595 den Baumeister des Herzogs von Jülich, Johann Pasqualini, hier Bastionen anzulegen, was auch bis 1600 geschah.

Die Grafenfehde zwischen Lübeck und Dänemark sowie befürchtete Angriffe von Anhängern des abgesetzten Königs Christian II. bewogen den dänischen König Christian III., Krempe seit den 1530er Jahren zu einer Festung ausbauen zu lassen (Abb. 29). Sie sollte die Elbmarschen gegen Angriffe von der Elbe her schützen. Die Amtmänner vor Ort leiteten die Baumaßnahmen, die sich bis 1607 hinzogen. In einer ersten Phase wurde die durch die Stadt fließende Kremper Au durch Dämme vom Stadtgraben getrennt, um dessen eigenständige Bewässerung gewährleisten zu können. Ein Wall und Bollwerke wurden errichtet und das Grevenkoper Tor – eines der vier Stadttore – ausgebaut. Dies genügte Christian III. aber noch nicht, und er wies den Amtmann Sievert Reventlow 1547 an, „auch die streich-

Abb. 29   Krempe 1568, Ausschnitt aus der Elbkarte von Melchior Lorichs. In den Wallanlagen der seit den 1530er Jahren ausgebauten Festung Krempe ist deutlich der Durchfluss der Kremperau zu erkennen.

wehren, Thor-Stacket, unnd brustwehren besichtigen lassen unnd zeigen unnd erwägen, was darann zu bauen und zu machen nötigh". Der Baumeister des Königs, Marten Bussard, und der Hofmaler Jacob Binck arbeiteten Baupläne aus. Binck hatte zuvor bei einem Besuch in Antwerpen u. a. auch dortige Befestigungsanlagen gemalt und brachte diese Erfahrungen nun bei Krempe ein. Die Kremper Wälle wurden verbreitert, um darauf Kanonen aufstellen zu können. Das Hauptproblem war aber die Wasserverbindung zwischen der Kremper Au und den Gräben. Zur Sommerzeit wurde der Fluss gestaut und umgeleitet, um steinerne Wehre und Gewölbe bauen zu können. Der Mörtel hatte allerdings nicht genug Zeit, um durchzutrocknen, so dass bald wieder Reparaturen fällig wurden. 1573 meldeten Heinrich Rantzau und Josias von Qualen dem König, dass die Mauern und Gewölbe fast verfallen seien und dringend einer Erneuerung bedürften. Als Notlösung könne man die Mauern durch Wälle stützen, dann wäre Krempe aber keine Festung mehr. Die Einwohner Krempes und der Krempermarsch weigerten sich, für die Instandsetzungsarbeiten aufzukommen. Erst 1579 reagierte Friedrich II. nach zwei Besuchen in Krempe und ließ die Mauern und das Borsflether Tor erneuern. Der Stich von Braun und Hogenberg (Abb. 30) aus dem Jahr 1588 zeigt eindrucksvoll, wie stark Krempe durch den Ausbau zur Festung wurde.

Von Graf Gerhard dem Großen hatte Rendsburg in der Mitte des 14. Jahrhunderts ein ausgedehntes Stadtfeld erhalten, das die Voraussetzung für die Stadterweiterung des 16. Jahrhunderts war. Bis dahin war die Stadt vor allem durch ihre Insellage geschützt. Holzhandel, die Eiderschifffahrt und Rendsburgs Funktion als Zollstelle am Ochsenweg brachten der Stadt im 16. Jahrhundert Wohlstand. Der Konflikt mit

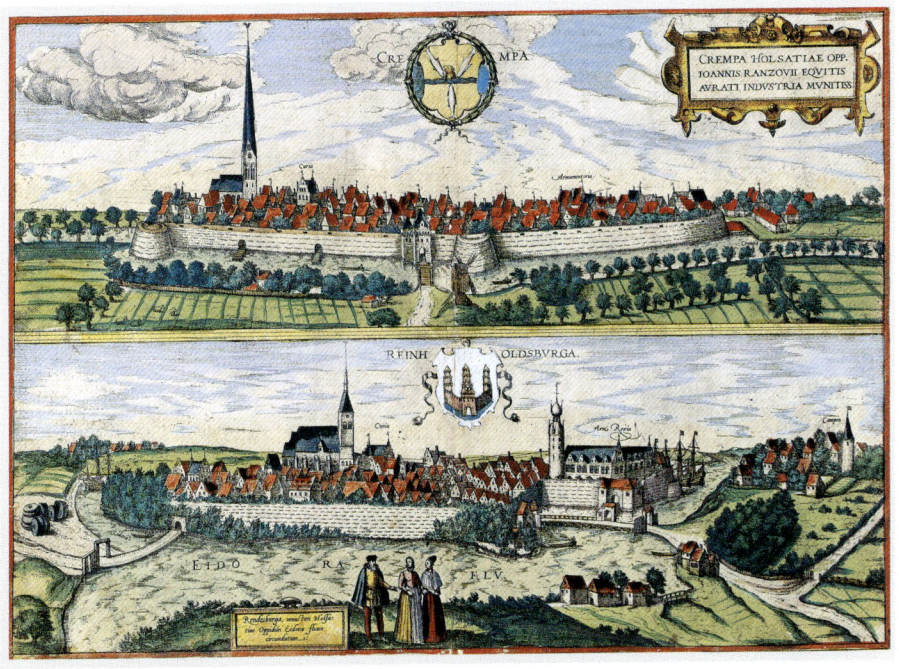

*Abb. 30   Ansichten der Städte Krempe und Rendsburg 1588, kolorierte Ra-
dierung von Franz Hogenberg aus dem Städtebuch von Braun und Hogenberg, Köln 1588. Beide Städte sind mit Erdwällen und Bastionen versehen, die
einen Angriff mit Feuerwaffen abwehren sollten.*

Lübeck ließ König Christian III. von 1536 bis 1540 die Stadt und Burg mit
steilen Erdwällen und Bastionen umschließen, um sie als militärischen
Stützpunkt nutzen zu können (Abb. 30). Zu diesem Zweck mussten im
Norden und Süden mehrere Häuserzeilen abgerissen werden, und das
Holstentor wurde von der Schleifmühlenstraße in den Südosten der Insel
verlegt. Die Bewohner der niedergelegten Häuser wurden in den Vorort
Vinzier umgesiedelt.

   Der Ausbau der mittelalterlichen Verteidigungsanlagen zu modernen
Festungen war kostspielig, und so verwundert es nicht, dass einige Städte
auf diesen Schutz verzichteten und einen Abriss dem aufwendigen Ausbau
vorzogen. Das Hohe Tor in Schleswig wurde 1564 allerdings instand
gesetzt und umgebaut. Seine Durchfahrt war 4,07 Meter breit und

*Abb. 31   Hadersleben 1588, kolorierte Radierung von Franz Hogenberg aus
dem Städtebuch von Braun und Hogenberg, Köln 1588. Die Stadt wurde
durch das Schloss und drei Tore geschützt.*

3,35 Meter hoch. Am Holmer oder Steen Tor wurde 1541 der Giebel ausgebessert, aber nur wenige Jahre später, 1556, wurde es abgebrochen. Das
1505 erstmals erwähnte Kalwertor in Schleswig stürzte 1609 dagegen von
allein ein. Der Schleswiger Stadtgraben war 1566 „hinter dem Bischofshof
und den Thumbhöfen bis in den Schley mehres Theils eingefallen und zuge-
dämpft und ganz undüchtig geworden." Er musste wieder instandgesetzt
werden. In Apenrade wurde der Stadtgraben um 1600 zugeschüttet.
Segeberg wurde 1534 von lübeckischen Truppen völlig zerstört, und nur die
Burg hielt stand; sie wurde erst im 17. Jahrhundert abgebrochen. Das
Segeberger Holstentor wird bis 1560 erwähnt, das Lübische Tor bis 1590.
Auf der ältesten Stadtansicht von Greve ist Kiel 1585 noch von einer mäch-
tigen Mauer mit Toren und Türmen umgeben, die Ansicht von Braun und
Hogenberg wenige Jahre später (1588) zeigt bereits eine verfallene
Befestigung (Vorsatz vorn). Nur eine dieser Ansichten wird der
Wirklichkeit entsprochen haben. Ein Hinweis, dass den Stadtmauern in
Kiel keine sehr hohe Wehrfunktion mehr zukam, ist die Erlaubnis des Rats
1572, an der Innenseite der Mauern Häuser zu bauen. Im 16. Jahrhundert
wurden statt der Bürger besoldete Nachtwächter an den Kieler Mauern ein-
gestellt.
   In dem wachsenden Flensburg wurden – dringenden Verkehrsbedürfnis-
sen und einer geringeren Verteidigungsbereitschaft folgend – spätestens seit
dem 16. Jahrhundert kleinere Tore oder nur Pforten in die Stadtbefestigung
eingelassen, so 1530 die Heiligen-Geist-Pforte am Heiligen-Geist-Gang
und 1590 für die Hausbesitzerin Gesche thor Smede eine Pforte und Brücke

an ihrem Grundstück hinter dem Rathaus. Weiter nördlich folgte das Marientor, und zur Förde hin lag am Ausgang des Knochenhauergangs die Knochenhauerpforte. Durch einen Damm und eine Brücke über den Mühlenstrom wurde eine Durchbruchstraße nach Süden geschaffen und durch das Rote Tor 1606/08 abgeschlossen. Auch im Norden wurde das Stadtgebiet vergrößert, dass enge mittelalterliche Tor abgebrochen und 1596 das Nordertor errichtet. Auf der Stadtansicht von Braun und Hogenberg (Abb. 19) ist es noch an seiner ursprünglichen Stelle zu erkennen, bevor es an seinen heutigen Standort verlegt wurde, wo es nach verschiedenen Umbauten noch erhalten ist. Auf dieser Ansicht wird z. B. auch deutlich, dass das Mühlentor einen rundbogigen Durchlass und ein Satteldach besaß.

Im Falle Tonderns kam es bereits während des Mittelalters wiederholt zu kriegerischen Auseinandersetzungen und Belagerungen, bei denen zwar nur die Burg erwähnt, sicher aber auch die Stadt betroffen wurde. Die Stadt war zum Wasser teilweise mit einem Zaun aus Pfählen umgeben, der kaum eine militärische, eher eine das Stadtareal begrenzende Funktion hatte. Nur die Hauptzufahrtstraßen im Süden und Osten waren durch Steintore und Zugbrücken gesichert. Das Westertor bestand nur aus einem Schlagbaum und einer Zugbrücke. Das Südertor wird 1620 als baufälliges Fachwerkhaus mit einem Rohrdach bezeichnet und wurde 1656 erneuert.

Abb. 32   Meldorf um 1550, kolorierte Radierung von Daniel Frese aus dem Städtebuch von Braun und Hogenberg, Köln 1598. Die einzige Stadt Dithmarschens wurde in weitem Bogen von Wällen und Gräben umgeben und besaß im Osten das mächtige Holstentor.

55

Abb. 33   Ratzeburg, Fundament eines Rondells von 1524 auf der Schloss-insel, Durchmesser 20 Meter, ergraben 1979/80 durch das Landesmuseum für Vor- und Frühgeschichte, Foto von Joachim Kühl

Die einzige mittelalterliche Stadt Dithmarschens, Meldorf, erhielt erst im 16. Jahrhundert eine Befestigung. Zwischen 1500 und 1516 wurde sie in weitem Bogen mit Wällen und Wassergräben umgeben, in denen sich drei bis vier Tore befanden. Die stattliche „Porta Holsatica" ist auf einem Stich von 1598 zu erkennen (Abb. 32). Auf diese Befestigung deutet wohl noch der Name „Zingelstraße" hin. Die Schutzwirkung dieser weitläufigen Anlage, die von vielen Menschen hätte verteidigt werden müssen, war wohl nur gering. Vermutlich wurde sie mit der Eroberung Dithmarschens 1559 zerstört und abgetragen. Heide besaß nur einen Schutz durch Planken.

7. Festungsbau in kriegerischen Zeiten

Im 17. Jahrhundert veränderte sich das Bild einiger Städte in Nordelbien aufgrund neuer Anforderungen an die Verteidigungstechnik grundlegend. Aus strategischen Gründen wurden nun sogar neue Städte und reine Militärfestungen angelegt. Nur wenige Städte waren von diesen Veränderungen betroffen, die meisten hatten noch ihren aus dem Mittelalter stammenden Schutz, der zwar kein feindliche Heer mehr von einer Eroberung abgehalten hätte, aber gegen alle sonstigen unerwünschten Besucher seinen Zweck mehr oder weniger erfüllte und das Stadtareal begrenzte. Das 17. Jahrhundert kann dennoch durchaus als die Zeit mit dem höchsten Aufwand für Stadtbefestigungen gelten und ist vielleicht nur noch mit dem Zeit der Städtegründungen im 13. Jahrhundert vergleichbar.

Zur Politik, die König Christian IV. betrieb, um den Großmachtstatus Dänemarks im Norden zu gewährleisten, gehörte auch die Anlage von Festungen und befestigten Städten. Die potentiellen Gegner Dänemarks waren im Ostseeraum Schweden und im Süden die wichtige Handelsstadt Hamburg oder Feinde, die über die Elbe kommen konnten. Um einen Teil des Elbe- und Nordseehandels an sich zu ziehen und einen Stützpunkt im Süden zu haben, ließ Christian IV. als Konkurrenz zu Hamburg 1615/17 Glückstadt an der Elbe gründen. Die Stadt wurde mit Privilegien ausgestattet und stark befestigt: In Anlehnung an festungstechnische Idealvorstellungen der Renaissance und nach holländischem Vorbild wurde wohl eine sternförmige sechseckige Anlage geplant, davon aber nur das halbe Sechseck ausgeführt, da die Hafenanlage am Rhin einbezogen werden musste (Abb. 34).

Die absolutistische Herrschaft machte es möglich, dass in kurzer Zeit Siedler angeworben wurden und bereits 1624 rund 450 Häuser standen. 1628 überstand die Festung erfolgreich eine Belagerung durch die kaiserlichen Truppen unter Wallenstein. 1644 war Glückstadt bereits die drittgrößte Stadt Dänemarks. Fehlende Geldmittel, unzureichende Landverbindungen, Hochwasser und schließlich der Tod des Königs beendeten jedoch den Erfolg des Projekts. Stattdessen stieg Altona als Konkurrenzhafen zu Hamburg auf, war allerdings – bis auf die Tore an der Grenze zu Hamburg – unbefestigt. Als Festungsstadt blieb Glückstadt weiterhin wichtig und wurde durch den Baumeister Percheval in der Mitte des 17. Jahrhunderts mit einem engeren Festungsring versehen. Eine weitere Modernisierung der Festungswerke nahmen 1687 die Baumeister Hinrich Ruse und Jobst Scholte vor, die Rendsburg ähnlich ausbauten.

1608 stellten die sechs norddeutschen Städte Hamburg, Lübeck, Bremen, Braunschweig, Lüneburg und Magdeburg gemeinsam den Feldhauptmann Graf Friedrich von Solms ein, der einen Ingenieur für den Ausbau der

Befestigungsanlagen engagieren sollte und dafür den Niederländer Johan van Valckenburgh gewann. Zwischen 1609 und 1611 kam dieser nach Hamburg, untersuchte die geographischen Gegebenheiten und entwickelte einen Befestigungsplan. Seine Ideen gingen auf italienische Vorbilder zurück, waren aber in den Niederlanden unter den dortigen Bedingungen bereits verwirklicht worden und damit für Norddeutschland gut geeignet. Er entwarf einen annähernd kreisförmigen Wall mit 22 Bastionen, die in regelmäßigem Abstand so angeordnet waren, dass sie sich gegenseitig verteidigen konnten. Vor dem Wall, einer Erdbefestigung fast ohne Mauern, lag ein breiter Graben, der von einem Unterwall verteidigt werden konnte und an dessen Außenrand sich die Contrescarpen, ebenfalls mit Verteidigungsanlagen, befanden.

Im Osten Hamburgs verlief der Wall entlang der alten Befestigungen, dann durchtrennte er die aufgestaute Alster und schuf damit die Außen- und Binnenalster und schloss im Westen ein bisher unbefestigtes und nur zum Teil besiedeltes Gebiet ein (Abb. 36). Der 8 bis 10 Meter hohe, steile Wall wurde wegen der schwierigen Geländeverhältnisse nur im Süden etwas flacher. Seine Errichtung dauerte von 1616 bis 1626 und zahlte sich sogleich aus, da Hamburg nun kaum von den Kriegszügen im Dreißigjährigen Krieg berührt wurde, seine Neutralität wahrte und vom Krieg profitierte. Hamburg war zu dieser Zeit aufgrund der günstigen Handelsentwicklung der vergangenen Jahrzehnte wohlhabend genug, sich eine so aufwendige Befestigung leisten zu können. Zugleich hatte es einen Schutz vor den fortwährenden Ansprüchen der dänischen Könige gewonnen. Der neue Stadtteil, den die Wallanlagen umschlossen und der etwa zwei Drittel der alten Stadtfläche ausmachte, wurde 1685 zum fünften Kirchspiel Hamburgs, St. Michaelis. Diese umfangreiche Umwallung war aber nicht primär als Erweiterung des Stadtareals gedacht, sondern bezog einige Anhöhen mit ein, die bei einer Belagerung strategisch hätten bedrohlich werden können. Den Menschen, die vor den Kriegszügen in Norddeutschland nach Hamburg flohen, bot das Gebiet eine Ansiedlungsmöglichkeit.

Die Modernisierung der Lübecker Befestigungsanlagen (Vorsatz hinten) begann 1601 mit der Einsetzung einer selbständigen Wallbehörde, dem Walloffizium, bestehend aus zwei Ratsherren und vier Vertretern der Bürgerschaft. 1604 wurde der holländische Festungsbaumeister Johann von Ryswyck um einen Plan für einen Wallgürtel ersucht und legte ihn auch noch im selben Jahr vor. Ryswyck plante die Neubefestigung der Stadt mit 14 Bastionen, von denen aber nur eine – wohl wegen Zweifel des Rats an den Plänen – gebaut wurde. Erst als 1609 Johan van Valckenburgh, ein Schüler Ryswycks, engagiert wurde und 1613 einen mit dem von Ryswyck fast identischen Plan vorlegte, kamen die Arbeiten allmählich in Gang (Abb. 37). Die Gefahr, in den beginnenden Dreißigjährigen Krieg hinein-

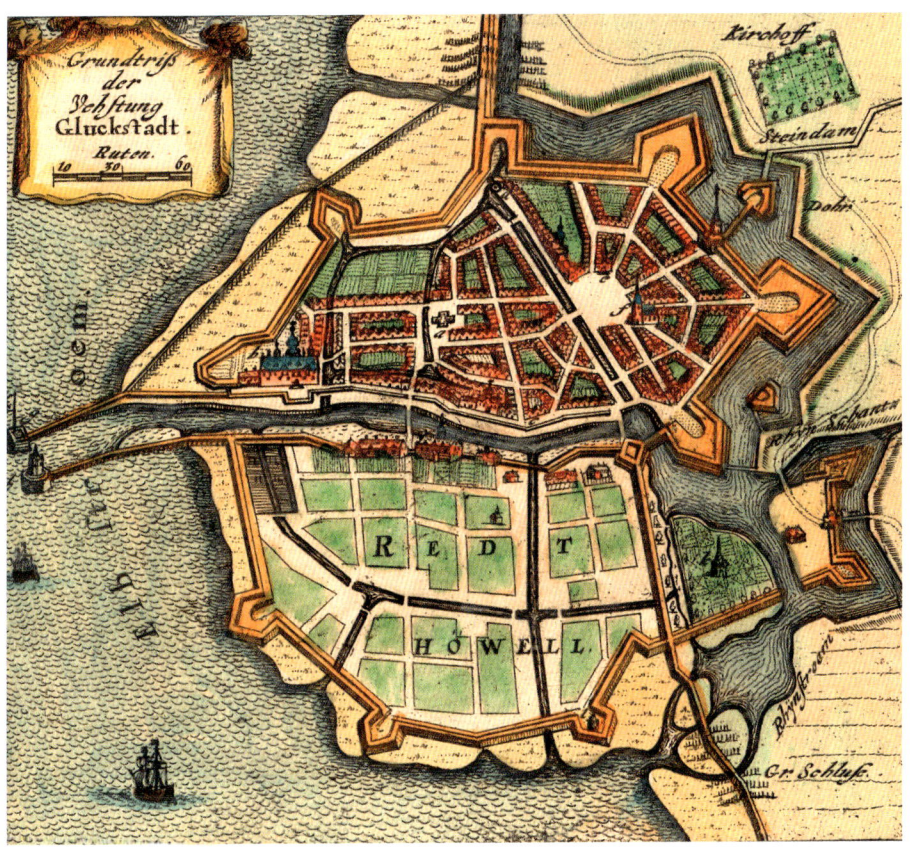

Abb. 34   Glückstadt 1651, Kupferstich von Johannes Mejer in der Karte des Amtes Steinburg aus der Danckwerthschen Landesbeschreibung

gezogen zu werden, wurde so groß, dass die Bürgerschaft den Rat 1621 ermächtigte, für die neuen Festungsanlagen von den Bewohnern Lübecks ein Grabengeld zu erheben, Überschüsse aus der Stadtkasse zu verwenden und Anleihen aufzunehmen. Nach einem erneuten Besuch Valckenburghs begannen 1622 die Bauarbeiten. Vor dem Burgtor wurden das äußere Tor, das Gertruden-Pockenhaus und die dortige Eichen entfernt, was zu einem Tumult unter der Bevölkerung führte. Auch die weiteren Arbeiten an der Befestigung verliefen nur unter Schwierigkeiten: Das sumpfige Gelände vor

Abb. 35 *Titelblatt des Büchsenmeister-Traktats von Hans Guhle, Hamburg 1678, mit einer Ansicht von Hamburg. Das Lehrbuch des Feuerwerkers und Büchsenmeisters enthält außer dem Werdegang Guhles eine Anleitung zum Geschützguss und zum Probeschießen sowie die klassischen zwölf Büchsenmeisterfragen in Dialogform.*

Abb. 36   Hamburg 1651, Kupferstich von Johannes Mejer aus der Danck-
werthschen Landesbeschreibung. Die modernen Befestigungsanlagen aus
den Jahren 1616 bis 1626 umschlossen zusätzlich mehr als zwei Drittel der
alten Stadtfläche und ließen die Außen- und die Binnenalster entstehen.

dem Holstentor verlangsamte sie, und 1631 stürzten einige Bauten ein. 1634 berief der Rat erneut einen Niederländer, den Ingenieur Johan von Brüssel, der bis 1645 einen Großteil der neuen Festungsanlage, vor allem die neue Holstentorbefestigung, anlegen ließ. Bis 1670 war die neue Befestigung Lübecks fertiggestellt und blieb in dieser Form bis zum Ende des 18. Jahrhunderts erhalten. Allein die Außentore wurden noch erneuert, vor dem Mühlentor 1663 und 1683, vor dem Burgtor und dem Holstentor 1695.

Die kleineren Städte in Holstein und Schleswig waren den umherziehenden Truppen während des Dreißigjährigen Krieges weitgehend schutzlos ausgeliefert. Der Plöner Herzog Joachim Ernst forderte die Bürger Plöns 1627 auf, ihre Stadt, die bis dahin durch die Seen und zwei Tore sicher zu sein schien, zu befestigen. Zwischen dem Großen und dem Kleinen Plöner

61

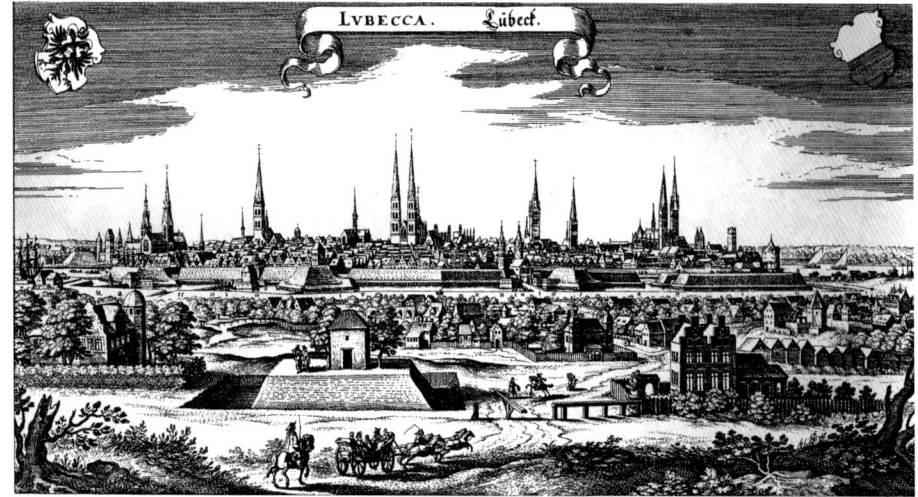

Abb. 37   Lübeck, Kupferstich von Matthäus Merian 1641. Der bekannte Stich zeigt Lübeck zwischen 1615 und 1624 von Westen.

See wurde eine Verteidigungslinie aus Gräben, Wällen und Palisaden angelegt. Das dortige Rodomstor bestand wie die Torhäuser aus Holz, konnte also kaum einem Angriff standhalten. Auch im Westen der Stadt wurde ein Graben ausgehoben. Die Bürgerwehr wurde zwar gemustert und mit Waffen versehen, um die Stadt zu verteidigen, als sich aber 1627 die kaiserlichen Truppen näherten, öffneten die Plöner die Stadttore, um Kämpfe und Zerstörungen zu vermeiden.

Während der Besetzung des weitgehend schutzlosen Itzehoe 1627 rissen die kaiserlichen Soldaten in der Neustadt an der Stör Ställe ab, um dort Schanzen zu errichten. Auch schwedische Besatzungstruppen versuchten 1644, die Stadt an den Toren durch Holzbefestigungen verteidigungsbereit zu machen. In den dänisch-schwedischen Auseinandersetzungen wurde 1657 erneut Schanzarbeiten in Itzehoe durchgeführt, die nur aus Ravelins vor dem Delftor und dem Altstädtertor und einer Redoute bestanden, aber dazu führten, dass die Stadt fälschlich als Festung betrachtet wurde. Vom 5. bis 8. August 1657 erfolgte deshalb ein verheerender Angriff schwedischer Truppen auf Itzehoe, in dessen Folge die Stadt fast vollständig abbrannte.

Nach dem Einmarsch kaiserlicher Truppen im Dreißigjährigen Krieg fielen die Festungen Krempe (Abb. 39) und Rendsburg, nur Glückstadt konnte sich halten. Christian IV. musste 1629 in Lübeck Frieden schließen, damit war für Dänemark aber noch nicht die Gefahr beseitigt, dass Schweden seine Großmachtstellung im Ostseeraum ausweiten könnte. Christian IV. wollte das Land an der Elbe, der Eider und der Ostseeküste schützen und versuchte, Herzog Friedrich III. von Gottorf dafür zu gewinnen. Dieser lehnte wie auch die Ritterschaft einen gemeinsamen Ausbau von Rendsburg und Kiel ab, obwohl der 1593 erneuerte Unionsvertrag die gemeinsame Verteidigung des Landes vorsah.

Die Festungspläne des Königs wurden dennoch weiter verfolgt. Eine Kommission unter dem Leiter des Festungswesens Axel Urup hielt eine Stelle am Westufer der Kieler Förde im Gut Seekamp für eine Festung für geeignet. Noch 1631 wurden dem Besitzer Cai von Ahlefeldt die drei umliegenden Güter abgekauft, das Festungsareal abgesteckt, mit dem Bau begonnen und die Festung Christianspries genannt (Abb. 38). Um einen viereckigen Hof lag ein Wall mit drei Bastionen und einem Graben auf zwei Seiten; die anderen Seiten wurden vom Wasser der Förde geschützt. Im Graben lagen zur zusätzlichen Verteidigung zwei Ravelins. In seiner Bauart entsprach Christianspries niederländischen Festungsvorbildern. Ein kleiner Hafen diente der Anlandung von Baumaterial und für die Schiffe, die die

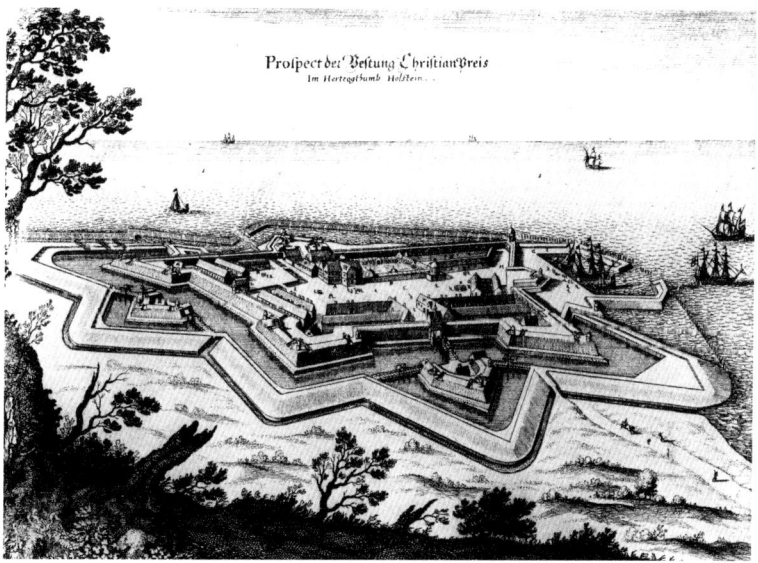

Abb. 38 Die Festung Christianspries, Kupferstich von Matthäus Merian 1653. An der Kieler Förde liegt ein kleiner Hafen, zur Landseite schützen zusätzlich zwei Ravelins im Wassergraben die Festung.

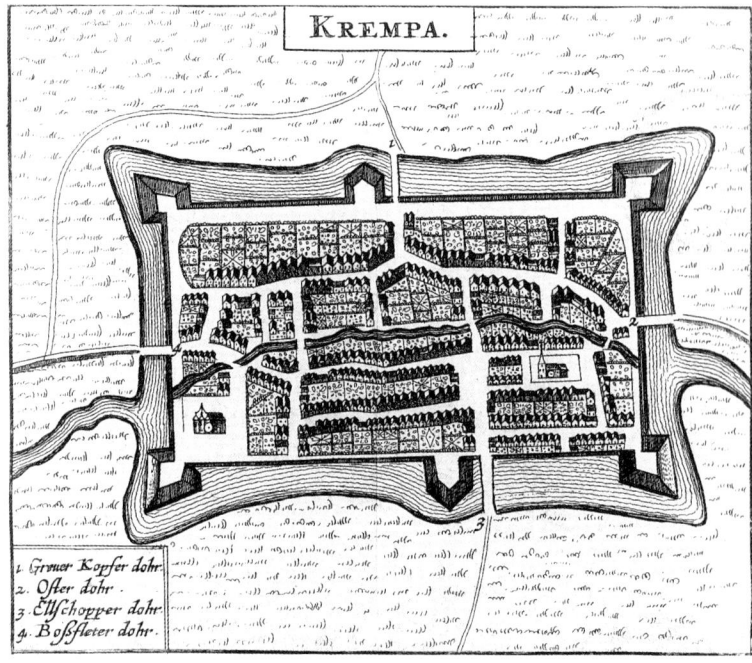

Abb. 39   Krempe 1648, Kupferstich aus Martin Zeiller, Regnorum Daniae et Norwegiae ut et Ducatuum Slesvici et Holsatiae Descriptio nova, Amsterdam 1655

Förde kontrollieren sollten. Die Festung war kaum fertiggestellt, als im Dezember 1643 der schwedische General Torstenson mit seinen Truppen angriff und die kleine Besatzung von 60 Mann schnell überrumpelte. Christianspries blieb bis zum Frieden von Brömsebro 1645 von den Schweden besetzt. Nach dem Tod Christians IV. beschloss sein Nachfolger Friedrich III. noch 1648, die Festung aufzugeben, und ließ die landseitigen Wälle schleifen.

In den fortdauernden Machtkämpfen mit Schweden erkannte Friedrich III. jedoch nach einigen Jahren die strategische Bedeutung der Kieler Förde und entschied, die Festung als ‚Friedrichsort‘ wieder aufzubauen. Mit der Planung und Ausführung der Arbeiten, die 1663 begannen, beauftragte er den holländischen Festungsbau-Ingenieur Henrik Ruse, der in Kopenhagen das Kastell geplant und ein Buch über Festungsbau geschrieben hatte. Dänische und holsteinische Soldaten wurden für die Bauarbeiten eingesetzt,

64

die 1667 abgeschlossen wurden. Der dänische König musste Herzog Christian Albrecht zusagen, dass dem Herzogtum und besonders Kiel kein Schaden durch die Festung entstehen werde. Friedrichsort war größer als Christianspries, besaß fünf Bastionen und fünf Ravelins und bestand in dieser Form bis in das 19. Jahrhundert.

Obwohl Christian IV. an der Anlage von Festungsstädten stark interessiert war, legte er auf den strategischen Wert Rendsburgs keinen Wert. So wurde die Stadt 1627 problemlos von kaiserlichen und 1644 von schwedischen Truppen besetzt. Nun wurden die Befestigungen allmählich verbessert, sodass schon 1645 ein schwedischer Angriff abgeschlagen werden konnte. In Kopenhagen wurde beschlossen, Rendsburg zur Landesfestung auszubauen. Der Festungsbau-Ingenieur Ruse hielt Rendsburg allerdings für einen „gefortifizierten Bauern-Kirchhof" und legte 1669 umfassende Festungsbaupläne vor. Er ließ die Eiderarme umleiten und im Wasser bis 1673 Wälle und Bastionen errichten, die die Stadt nach allen Seiten absicherten. Die Zugänge an der Nord- und Südseite und damit der Eiderübergang waren durch eigene vorgeschobene Bastionen geschützt. Die rasch fortentwickelte Militärtechnik, insbesondere die Reichweite der Artillerie, erforderte schon bald eine Ausweitung der Festungsanlagen. Generalmajor Jobst von Scholten, der bereits Glückstadt ausgebaut hatte, plante 1690 zwei Brückenköpfe an beiden Ufern der Eider. Das umfangreiche Neuwerk am Südufer wurde nach den neuesten Festungsplänen des französischen Marschalls Vauban abgesteckt. Im Norden musste der Flecken Vinzier dem neuen Kronwerk weichen. Das Neuwerk wurde ein eigener Stadtteil, eine Festungsstadt, deren Zentrum ein weiter Paradeplatz bildete. Von ihm aus führten Radialstraßen zu den sechs Eckbastionen. Ein breiter Wassergraben und Außenwerke im Vorfeld boten weiteren Schutz. 1694 waren die neuen Festungswerke fertiggestellt, die Bebauung mit Wohnbaracken für die Soldaten und Häusern, dem Arsenal und dem Provianthaus sowie der Kommandantur und der Kirche dauerte noch einige Jahre. Die Festungsanlagen Rendsburgs blieben bis in das 19. Jahrhundert bestehen (Abb. 40), die Stadt galt als stärkste dänische Festung nach Kopenhagen.

Der Kirchort Tönning an der Mündung der Eider erlebte erst im 16. Jahrhundert einen Aufstieg als Nebenresidenz der Gottorfer Herzöge und als Hafen; 1590 erhielt er Stadtrechte. Während der Kriegszüge in der ersten Hälfte des 17. Jahrhunderts und durch die Sturmflut von 1634 wurde

---

Folgende Doppelseite:
Abb. 40 Die Festung Rendsburg von Norden um 1850, Lithographie von A. von Meinung. Im Vordergrund das Kronwerk, dahinter die Altstadt und oben rechts das Neuwerk

Tönning stark zerstört. Um die Stadt zukünftig zu schützen, ließ Herzog Friedrich III. sie seit 1644 zu einer modernen Festung ausbauen. Ein Halbkreiswall mit sieben Bastionen, zwei halben Eckbastionen, drei Toren und Festungswerken am Hafen umschloss die Stadt. Während der dänischschwedischen Kriege, in denen die Herzöge von Gottorf auf schwedischer Seite standen, war Tönning ein wichtiger Stützpunkt. 1675 musste die Stadt aber an König Christian V. übergeben werden, der die Befestigungen sofort schleifen ließ. 1692 wurde Tönning unter Herzog Christian Albrecht erneut befestigt, in den Grundzügen wie die vorherige Anlage, nun aber mit nur fünf größeren Bastionen und versetzten Toren.

Dynastische Veränderungen hatten einen Ausbau der Befestigungsanlagen Ratzeburg am Ende des 17. Jahrhunderts zur Folge. 1689 starb der letzte Herzog von Sachsen-Lauenburg, darauf besetzte Herzog Georg-Wilhelm von Lüneburg-Celle das Land und ließ Ratzeburg stark befestigen. Französische und italienische Festungsbauer entwarfen die Pläne. Das Schloss wurde – um freies Schussfeld zu erlangen – abgetragen. Der Zugang zur Insel wurde durch zwei starke Bastionen und eine Schanze (Ravelin) im See gesichert. Weitere Befestigungen entstanden vor allem an der Ostseite der Insel. Durch ihre Hand- und Spanndienste wurden die Bauern des Amtes stark belastet, und der umliegende Wald litt beträchtlich unter dem Raubbau an Holz. Noch während des Baus dieser Anlagen griff König Christian V. 1693 Ratzeburg mit einem starken Heer an, da er eine Bedrohung Holsteins befürchtete. In drei Tagen wurde die Stadt durch die Beschießung völlig zerstört (Abb. 41). Die Festung behauptete sich aber. In dem folgenden Waffenstillstand wurden die Befestigungen nur oberflächlich geschleift und zwischen 1698 und 1705 wieder aufgebaut. Erst als das Herzogtum Lauenburg 1815 an Dänemark kam, wurden die Festungsanlagen 1817 endgültig niedergelegt.

Der Ausbau von Städten wie Glückstadt und Tönning zu leistungsfähigen Festungen genügte allein den militärstrategischen Planungen der Landesherren in der ersten Hälfte des 17. Jahrhunderts nicht. Reine Militärstützpunkte – Forts und Schanzen – sollten der zusätzlichen Sicherheit und der Abwehr dienen. Im Südwesten Holsteins wurden in den Marschen die Steinburger Schanze bei Krempe und die Hetlinger Schanze bei Haseldorf angelegt. Die Steinburger Schanze wurde an der Stelle der ehemaligen Steinburg aus deren Außenwerken mit zwei Bastionen erbaut. Zusammen mit Glückstadt und Krempe bildete sie das sog. ‚Steinburger Festungsdreieck‘. Sie war immerhin so wehrhaft, dass sie 1644 zweimal einem schwedischen Sturmangriff unter Helmut Wrangel widerstand und auch 1658 ein Überrumpelungsversuch schwedischer Dragoner verlustreich abgewiesen wurde. Dicht an der Elbe ließ König Christian V. 1672 bei Haseldorf die Hetlinger Schanze anlegen. Es soll nicht unerwähnt bleiben,

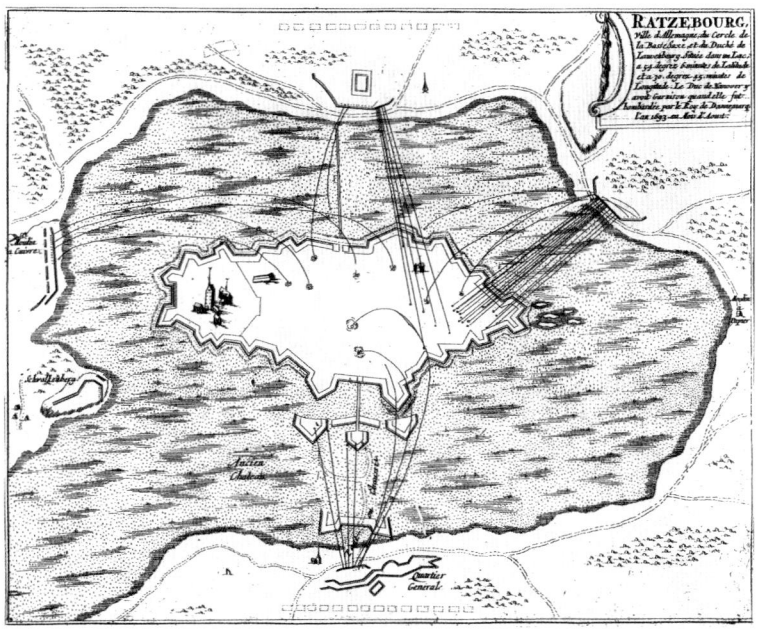

Abb. 41   Ratzeburg während der Belagerung durch die Dänen 1693, Kup-
ferstich. Der Zugang zur Insel wurde im Süden 1690/93 durch zwei starke
Bastionen und eine Schanze (Ravelin) gesichert.

dass es im 17. Jahrhundert auch Festungspläne gab, die nie verwirklicht
wurden, so im Fall von Friedrichstadt (1686) und Oldesloe (1633 und
1688). Kurzzeitig war auch Brunsbüttel in der Mitte des 17. Jahrhunderts
zur Festung ausgebaut worden.

Die modernen Befestigungsanlagen Hamburgs aus dem Beginn des 17.
Jahrhunderts schützten die Stadt zwar wirkungsvoll gegen feindliche
Sturmangriffe, nicht aber gegen eine Beschießung durch Artillerie. Da diese
am Ende des 17. Jahrhunderts noch bis zu 700 m wirkungsvoll war, musste
der Angreifer bereits weit vor der Stadt aufgehalten werden. Dortige
Befestigungen konnten ihn aufhalten und abnutzen, bis Hilfe herbeigeholt
worden war. Die alten Landwehren waren dazu aber nicht mehr geeignet.
Besonders gefährdet war die bereits dicht besiedelte Hamburger Vorstadt
St. Georg im Nordosten vor den Wällen. Als im September 1679 der
Angriff eines dänischen Heeres drohte, wurde eilig mit der Anlage des sog.
Neuen Werks, einer bastionierten Wallanlage, begonnen, zu der die Bürger

Handdienste leisten mussten. Als die unmittelbare Gefahr aber vorbei war, schickten sie als Vertreter Kinder, Frauen und alte Leute, und die Arbeit verlangsamte sich. Die Befestigung konnte dann 1680–1682 rasch fertiggestellt werden, als der Rat den Bauhof mit den Arbeiten beauftragte, der dazu von Pferden gezogene Sturzkarren einsetzte. Nach einem Plan des Hamburger Capitains der Artillerie Bertrand de la Coste – vielleich von Vauban beeinflusst – verlief die Wallanlage aus drei ganzen und an den Enden je einer halben Bastion von der Alster bis zum Geestabhang; eine weitere, niedrigere Wallanlage zog sich quer über den Hammerbrook bis zur älteren dreieckigen Billerschanze. Die beiden Tore im Neuen Werk wurden später das Berliner und Lübecker Tor genannt.

Im Westen Hamburgs war die Besiedlung außerhalb der Wälle weitaus geringer als im Osten. Zudem hätte hier gar keine neue größere Wallanlage angelegt werden können, da sie dicht an die Grenzen Altonas herangereicht und Dänemark provoziert hätte. Sinnvoller war es, etwa 1 km (1.500 Schritt) vor der Bastion Ulricus im Vorland auf einem kleinen Berg eine Sternschanze anzulegen. Den Plan dazu entwarf 1681 der Obristlieutenant Jacob von Kemphe, der als schwedischer Offizier im Herzogtum Bremen-Verden stationiert war, wiederholt in Hamburg weilte und von 1683–85 auch im Dienst der Stadt stand. Die flache geräumige Schanze aus vier ausspringenden Winkeln besaß einen trockenen Graben und bombensichere Schützenunterstände. Mit 16 Geschützen war sie stark bewaffnet und dennoch nicht zu groß, um immer schnell besetzt werden zu können. Von der Sternschanze führte zum Stadtwall ein durch Brustwehren geschützter Weg. Vor seinem Angriff auf Hamburg 1686 umritt Christian V. die unscheinbare Sternschanze und gewann den Eindruck, „daß dieselbe mit einem Stecken in der Hand wohl eingenommen werden könnte". Der Angriff seiner Truppen scheiterte aber an der Sternschanze. Sie war die letzte größere Befestigung, die Hamburg anlegen ließ. Am Anfang des 18. Jahrhunderts folgten nur noch im Nordosten beim Neuen Werk zwei kleine Ravelins in der Alster und eine Pfahlreihe im Wasser, um einen Angriff mit Booten abwehren zu können.

8. Der Schutz wird entbehrlich

Auch im 18. Jahrhundert waren weiterhin Kriegszüge und Belagerungen zu befürchten, Räuberbanden zogen umher, und es gab viel unerwünschtes Volk, das nicht in die Städte eindringen sollte. Dennoch verloren die Befestigungen ihre Wehrfunktion immer mehr, ihr über Jahrhunderte betriebener Ausbau war an seine Grenzen gestoßen. Der immer moderneren Waffentechnik, vor allem der Artillerie, waren Mauern, Tore, Wälle und Bastionen nicht mehr gewachsen, Befestigungen und Gebäude konnten einer Belagerung und einem Dauerbeschuss nicht mehr standhalten und wären völlig zerstört worden. Zudem hätten die Städte eine große Zahl von Militärpersonal für die Verteidigung gegen ein modernes Heer unterhalten müssen, zu der die Bürger nicht mehr in der Lage waren. Darüber hinaus belastete der Unterhalt der Befestigungen – einschließlich der Geschütze – die städtischen Haushalte. So stellte sich für Städte im 18. Jahrhundert wiederholt die Frage nach dem militärischen Sinn von Befestigungen, und die Landesfürsten mussten sich entscheiden, ob strategisch wichtige Truppenstandorte und Festungen ausgebaut werden sollten. Die starke Befestigung Möllns aus der Zeit der Lübecker Pfandherrschaft spielte nach deren Ende 1683 kaum noch eine Rolle, war nicht mehr zu unterhalten und verfiel. Als der mächtige Zwingerturm des Steintors 1779 abgerissen wurde, konnten 384 Fuhren Feldsteine für das Fundament des Kommandantengartens abgefahren werden.

Die Stadtbefestigung markierte nach wie vor die Grenze des städtischen Rechtsbereichs, die Tore dienten der Kontrolle von Personen und Waren und sollten dies auch zukünftig tun. Andererseits löste sich allmählich die deutliche Siedlungsgrenzen zwischen den Wohngebieten in der Stadt und dem städtischen Umland vor den Toren auf; besonders außerhalb der dicht besiedelten Großstädte Hamburg und Lübeck lebten immer mehr Menschen. In den Städten verfiel ein Teil der Befestigungen, und sie wurden vereinzelt abgetragen. Die Wälle und Gräben Neustadts wurden bis zur Mitte des 18. Jahrhunderts eingeebnet und als Gartenanlagen genutzt. Krempe hatte seine militärische Funktion längst verloren, seine Wälle wurden um 1700 geschlich. Die Steinburger Schanze hatte in der ersten Hälfte des 18. Jahrhunderts noch eine Besatzung, zuletzt von Invaliden, wurde aber 1748 aus den Verzeichnissen der Festungen gestrichen und 1763 demoliert. Die Garnison der Hetlinger Schanze erhielt noch 1733 eine eigene Kirche, und die Befestigung wurde 1756 ausgebaut. Bereits acht Jahre später wurde die Anlage jedoch einschließlich der Kirche bis auf wenige Reste abgebrochen.

Tönning musste zu Beginn des Nordischen Krieges (1700–1721) noch einmal seine Wehrhaftigkeit beweisen (Abb. 42). Im März 1700 nutzte der dänische König Friedrich IV. die Gelegenheit, dass Gottorfs Verbündeter Schweden in Osteuropa gebunden war, und marschierte mit 20.000

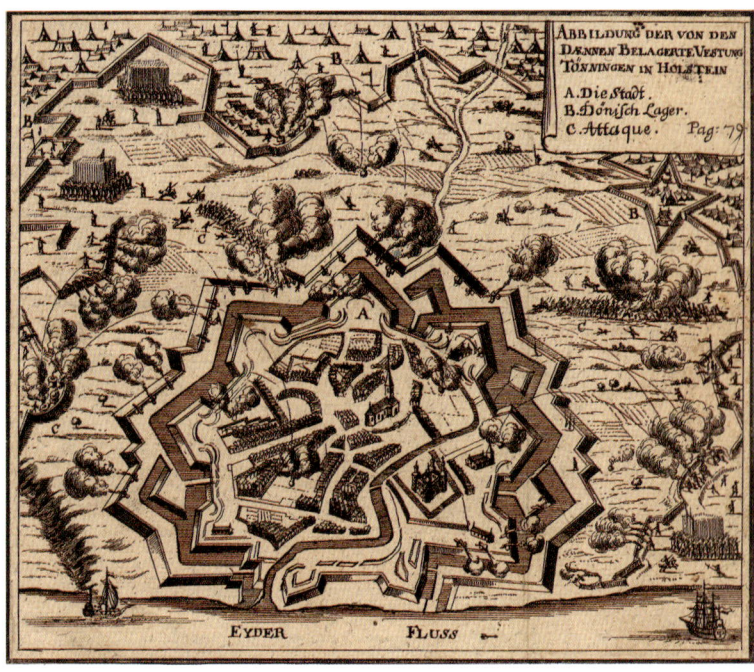

Abb. 42   Die Belagrung von Tönning 1700, Kupferstich. Während des Nordischen Krieges wurde das seit 1692 stark befestigte gottorfische Tönning von dänischen Truppen unter König Friedrich IV. von April bis Juni 1700 vergeblich belagert.

Soldaten in das weitgehend souverän gewordene Herzogtum ein, um es wieder unter seine Oberhoheit zu zwingen. Im April eroberte das Heer eine herzogliche Verteidigungsschanze nach der anderen in Nordfriesland und Stapelholm, unterwarf ganz Schleswig und schickte sich nun an, die Festung Tönning, in die sich der herzogliche Hof geflüchtet hatte, anzugreifen. Dort hatte die Besatzung aus 3.270 Mann inzwischen die Wälle verstärkt, ausreichend Munition und Proviant besorgt und die Dächer der Häuser zur Vermeidung von Feuer mit Fellen, Erde und Mist bedeckt, die feucht gehalten wurden. Vor der Festung wurden einige Gehöfte abgerissen, es gelang aber aufgrund der Trockenheit nicht, die Marsch unter Wasser zu setzen. Die dänischen Truppen konnten sich keine langanhaltende Blockade, aber auch keinen Sturmangriff erlauben, daher ließen sie aus

Rendsburg schwere Geschütze heranschaffen und begannen von Nordwesten am 25. April ein Bombardement mit 20 Mörsern und 10–14 Kanonen, das bis zum 4. Mai – auch nachts – andauerte und aus Tönning entsprechend beantwortet wurde. Da diese Taktik keinen Erfolg hatte, beschlossen die Dänen, mit einer anderen bewährten Methode anzugreifen. Im Südwesten wurden seit dem 14. Mai unter heftigem Beschuss aus der Festung Gräben an die Wälle herangegraben, durch die es Ende Mai gelang, in die äußeren Verteidigungswerke einige Breschen zu sprengen. Die bedrohliche Lage Tönnings wendete sich am 1. Juni, als die Nachricht eintraf, dass ein Heer der Verbündeten Gottorfs – Schweden und Lüneburg – in Holstein einmarschiert war. Der dänische König musste einen Angriff im Rücken befürchten und brach die Belagerung ab. Ein geplanter Ausfall der Verteidiger wurde somit überflüssig. Etwa 150 Gottorfer und 200 dänische Soldaten waren getötet worden, ein Großteil der Häuser Tönnings und seine Kirche waren stark zerstört. Die erfolgreiche Verteidigung Tönnings hatte die Selbständigkeit des Herzogtums Gottorf gesichert. In den folgenden Jahren wurde die Festung weiter ausgebaut und galt als eine der stärksten in Nordeuropa. Dieser Status hielt aber nicht lange an. Nach einer erneuten, diesmal mehrmonatigen Belagerung durch dänische, sächsisch-polnische und russische Truppen musste die Festung im Februar 1714 wegen Lebensmittelmangels kapitulieren. Die Festungsanlagen wurden in den folgenden Monaten endgültig geschleift, ähnlich wie bei anderen Festungen des 18. Jahrhunderts.

In Flensburg wurde 1719 die Duburg abgebrochen, im Verlauf des 18. Jahrhunderts folgten viele Teile der Stadtbefestigung. An der Nordostecke der St.-Marien-Stadtbefestigung befand sich ein Gebäude, das auf dem Stadtsiegel aus der Zeit um 1300 als achteckige Turmburg dargestellt wird. Es war seit dem 15. Jahrhundert Sitz des Stadtvogts und später Gefängnis, bis es 1771/73 abgerissen wurde. Nur einige Stadttore, vielfach als Wohnungen genutzt, bestanden noch bis in das 19. Jahrhundert. Andere wurden abgerissen: in Kiel das Holstentor (Abb. 44) 1783, das Haßtor 1784 und das Kütertor 1786, in Oldenburg das Dolgentor 1783, das Schmutztor am Ende des 18. Jahrhunderts und das Burgtor 1802, in Oldesloe das Hamburger Tor 1798 und die barocken Holztore in Lauenburg zu Beginn des 19. Jahrhunderts. In einigen Städten wurden Steintore an den Stadtzugängen durch Holz- und Gittertore oder nur Schlagbäume mit ausreichende Wachen ersetzt, weil sie nur noch eine fiskalische und polizeiliche Funktion besaßen. In Kiel erfolgte 1705 eine Umlage unter der Bürgerschaft, um das Holstentor reparieren zu können. Das Flämische Tor wurde 1732 neu errichtet. Die Kieler Universität, deren Gebäude direkt an der Stadtmauer lagen, forderte 1750 erstmals eine Reparatur der Mauer. Daraus entstand ein jahrelanger Streit zwischen einzelnen Anliegern und der Stadt,

Abb. 43   Das Dänische Tor in Kiel von 1689, Zeichnung aus dem 19. Jahr-
hundert. 1830 wurde die Durchfahrt und 1869 das gesamte Tor abgebrochen.

in dessen Verlauf bis zum Ende des 18. Jahrhunderts die Mauer – oder eher
deren Reste – in den Privatbesitz den jeweiligen Anliegern überging.

In der zweiten Hälfte des 18. Jahrhunderts war die weitgehend noch mittelalterliche Stadtmauer Lübecks (Abb. 45 u. 46) in Teilen so baufällig, dass
der Rat den Stadtbaumeister Soherr um ein Gutachten ersuchte. Dieser
empfahl 1783 den Abbruch oder die Erniedrigung der Stadtmauer an den
gefährdeten Stellen. Der Rat wollte sich aber noch nicht für einen Abbruch

*Abb. 44   Das Holstentor und die Holstenbrücke in Kiel um 1700, Zeichnung
von etwa 1870 nach einer älteren Vorlage*

entscheiden und ordnete in diesem Jahr an, „dass es mit der Stadtmauer in dem vorigen Stande bleiben solle," und sie „ an den Stellen, wo es thunlich ... etliche Fuß niedriger und einen Fuß schmäler machen zu lassen." In den 1790er Jahren wurden dann aber Teile der Befestigung abgebrochen: 1793 der Hexenturm, dessen Stumpf bis 1852 als Terrasse genutzt wurde, und der Fischer- oder Pulverturm am Ende des Mühlendamms sowie 1794 der Junkerturm beim Marstall. Am Ende des 18. Jahrhunderts wurden auch die seit dem Spätmittelalter bestehenden Befestigungen an den Landwehren abgebaut, die nun keine militärische Funktion mehr hatten. Bereits 1673 war der Turm an der Straße nach Schlutup abgebrochen worden, 1787 wurde dann die Zugbrücke in Brandenbaum entfernt, 1794 der Turm am Krummesser Baum und 1809 der am Grönauer Baum. An diesen Stellen gab es nun nur noch Schlagbäume zur Zoll- und Passkontrolle, die dann im 19. Jahrhundert an die Stadttore verlegt wurde.

Die Lübecker Wälle wurden seit der Mitte des 18. Jahrhunderts mit Ulmen- und Lindenalleen bepflanzt und dienten zu Spaziergängen sowie der Erholung der Stadtbewohner. 1803 schlug der Rat der Bürgerschaft vor, die Wallanlagen abzutragen, um Lübecks Neutralität zu unterstreichen. Im

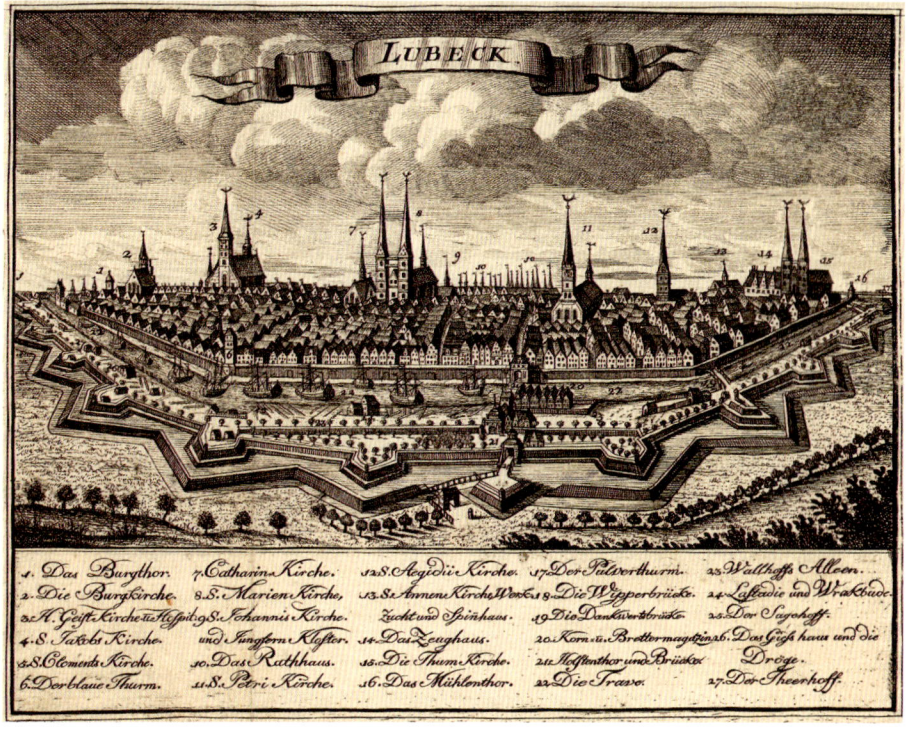

LUBECK.

1. Das Burgthor.
2. Die Burgkirche.
3. H. Geist-Kirche u. Hospital.
4. S. Jacobs Kirche.
5. S. Clementi Kirche.
6. Der blaue Thurm.
7. Catharin. Kirche.
8. S. Marien Kirche.
9. S. Johannis Kirche. und Jungfern Kloster.
10. Das Rathhaus.
11. S. Petri Kirche.
12. S. Aegidii Kirche.
13. St. Annen Kirche Werck Zucht und Spinhaus.
14. Das Zeughaus.
15. Die Thum Kirche.
16. Das Mühlenthor.
17. Der Pulverthurm.
18. Die Wipperbrücke.
19. Die Dankwartsbrücke.
20. Korn u. Brettermagazin.
21. Hoftenthor und Brücke.
22. Die Trave.
23. Wallhoffs Alleen.
24. Lastadie und Wrakbude.
25. Der Sägehoff.
26. Das Gieß haus und die Dröge.
27. Der Theerhoff.

Abb. 45   Lübeck von Westen, Kupferstich von J. G. Mentzel 1787. Vom 17. bis zum Beginn des 19. Jahrhunderts wurden Lübeck und sein Hafen von starken Wallanlagen und Gräben geschützt. Der Zugang führte hier durch das tief gestaffelte Holstentor in die Stadt, vorbei an den Salzspeichern.

folgenden Jahr wurden 243 Kanonen und zwei Mörser verkauft, und der Stadtbaumeister sowie die beiden Kriegskommissare schlugen vor, wie die Wälle am besten – nämlich nur zum Teil – demoliert werden könnten. Ein Oberstleutnant vom hannöverschen Ingenieurkorps in Ratzeburg wurde noch als Sachverständiger gehört, und dann begannen im Sommer 1804 die Arbeiten. Die Brustwehren der Wälle wurden abgetragen, die Spitzen der Bastionen abgerundet und vor den Toren die Ravelins mit ihren Gräben eingeebnet. Die äußeren Tore des Burgtors (1805), des Mühlentors und des Holstentors (1808) sowie das mittlere Mühlentor (1809) wurden abgebrochen. Die Wälle blieben weitgehend erhalten. Während der Entfestigungs-

Abb. 46 Die Holstentorbefestigung in Lübeck um 1720, Ausschnitt aus dem Kupferstich von F. B. Werner. Hinter dem Renaissancetor sind die Türme des heute noch erhaltenen Tores aus dem 15. Jahrhundert zu erkennen.

arbeiten zog sich am 5. November 1806 der Rest des preußischen Heeres unter Blücher vor den Franzosen nach Lübeck zurück, das Mühlentor diente als Verteidigungsstellung, und vor dem Burgtor kam es zur Schlacht, bevor die Stadt von französischen Truppen besetzt wurde.

Auch die Hamburger Befestigungen waren im Verlauf des 18. Jahrhunderts für eine Verteidigung immer weniger geeignet (Abb. 48) und ihre Verteidiger, das Hamburger Bürgermilitär, wurden bereits in Karikaturen verspottet (Abb. 47). Nach dem Abschluss des Gottorfer Vergleichs 1768, der die Reichsfreiheit Hamburgs festschrieb, entfiel auch die Bedrohung

Abb. 47   Aufzug der Hamburger Bürgerwache auf der Bastion Joachimus um 1800, Ölgemälde von Georg Emanuel Opitz. Der Maler betont die mangelnde Verteidigungsbereitschaft der Bürger, für die der Dienst auf den Wällen zu einer lästigen Pflicht geworden war.

durch den unmittelbaren Nachbarn. Der Abriss sogar baufälliger Befestigungen wurde jedoch immer wieder aufgeschoben, denn er kostete Geld. Darüber hinaus musste entschieden werden, was mit den frei werdenden Grundstücken geschehen sollte.

Der zunehmende Konflikt zwischen England und Frankreich traf auch den Hamburger Handel, so dass um 1800 immer mehr Bürger arbeitslos wurden. Öffentliche Arbeiten wie die Entfestigung waren daher für die Stadt eine Möglichkeit, den Erwerbslosen ein Einkommen zu verschaffen. 1801 wurden die schadhaften Holzbrücken vor den Toren durch Erddämme ersetzt. Aufgrund eines Gutachtens des Stadtingenieurs Major Richard genehmigten Rat und Bürgerschaft 1804 die Entfestigung bei einer

Abb. 48 Beim Dammtor in Hamburg, kolorierte Radierung von Friedrich Rosenberg 1796. Das Bild drückt das geruhsame Leben um ein Tor am Ende des 18. Jahrhunderts aus, als die mit Bäumen bewachsenen Wallanlagen zum Spazierengehen einluden.

Beibehaltung der Wälle. Zuerst wurden die Geschütze von den Wällen ent fernt und zerschlagen; durch den Verkauf der 280.000 Pfund Metall konnte ein Großteil der Arbeiten finanziert werden. Von November 1804 bis in das Jahr 1810 wurden an vielen Stellen zugleich die Außenwerke und Oberflächen der Bastionen planiert und die Brustwehren abgetragen, die Sternschanze und das Hornwerk eingeebnet und die Tore zum Abbruch verkauft. Bereits im März 1805 konnten auf den Wällen die ersten Alleen angepflanzt werden.

9. Die Entfestigung der Städte

Die begonnene Entfestigung der beiden Großstädte Lübeck und Hamburg wurde während der französischen Besetzung bis 1813 aufgehalten. Noch im Oktober 1808 beschlossen Rat und Bürgerschaft in Hamburg, das Neue Werk, die Befestigung der Vorstadt St. Georg, abtragen zu lassen und gaben dies sofort in Auftrag. Der wirtschaftliche Niedergang und der Verlust der Finanzhoheit der Städte mit ihrer Eingliederung in das französische Kaiserreich unterbrachen dann aber die weit fortgeschrittenen Arbeiten. Als die französischen Truppen nach ihrem ersten Abzug im März 1813 wieder auf Hamburg vorrückten, legten die Hamburger notdürftig einige Schanzen und Bastionen im Süden der Stadt an. Diese Verteidigungsmaßnahmen waren jedoch vergeblich, am 30. Mai 1813 wurde Hamburg erneut besetzt. Napoleon ordnete an, Hamburg zu einer Festung auszubauen, um die Truppen seiner Gegner in Norddeutschland zu binden. Die Besatzungsmacht verlangte die Bereitstellung von 6.000 Schanzgräbern, die die Wälle und Bastionen wieder funktionstüchtig machten und die Gräben aushoben (Abb. 49). Ravelins wurden aufgeworfen, im Vorfeld der Befestigung Feldschanzen angelegt und die Wälle mit Mörsern bestückt. Die Sternschanze wurde ebenso wie die Landwehr wiederhergestellt. Der Ausbau zur Festung erfolgte so radikal, dass sogar alle Gebäude – Landhäuser und Gehöfte – im Umkreis von zwei Kilometern um die Stadt einschließlich der Vorstadt Hamburger Berg niedergebrannt wurden, um freies Schussfeld zu haben. Wer sich nicht für sechs Monate ausreichend mit Lebensmitteln versorgen konnte, wurde aus der Stadt vertrieben. Tatsächlich widerstand die Stadt von Januar bis zum endgültigen Abzug der Franzosen im Mai 1814 der Belagerung durch russische Truppen.

Sogleich begann der Abbau der Brustwehren und Außenanlagen der Befestigung, fehlendes Geld verzögerte aber die endgültige Entfestigung Hamburgs. Erst 1819 wurde sie beschlossen (Abb. 50) und im folgenden Jahr unter Leitung des Stadtingenieurs Heinrich und des Hauptmanns Schwarz in Angriff genommen. Alle Befestigungen bis auf die Wälle sollten beseitigt und eingeebnet, die Spitzen des Grabens verfüllt und auf den Wällen weitere Alleen angelegt werden. Mit der Umgestaltung in eine Grünanlage wurde – wie bereits 1804 – der Bremer Kunstgärtner Altmann beauftragt, der sich an englischen Landschaftsgärten orientierte. Von 1820 bis 1827 wurden die westlichen und nördlichen Wallanlagen umgewandelt, bis 1833 folgte der östliche Wallabschnitt. Die Bastionen wurden dann allerdings beibehalten und als Aussichtspunkte genutzt. Alleen und Pfade, Baumgruppen und Blumenbeete luden nun zum Spaziergang ein. Neben der gärtnerischen Umgestaltung der Wallanlagen zu einem beliebten Erholungsgebiet für die Bewohner der eng bebauten Stadt gab es auch noch

Abb. 49   Schanzarbeiten in Hamburg 1813. Kolorierte Lithographie von Peter Suhr. Die französischen Besatzungsbehörden verpflichteten Männer und Frauen zum Wiederaufbau der Stadtbefestigung. Rechts ist eine fertige Schanze am Brooktor zu erkennen, im Hintergrund werden Bäume auf dem Grasbrook gefällt.

spezielle Maßnahmen. Zwischen der Alster und dem Dammtor wurden Wall und Bastionen zugunsten einer repräsentativen Straße, der Esplanade, geschleift (1827–1830). In einem Teil der Wallanlagen wurde als Bildungseinrichtung der Botanische Garten angelegt. Auch die Aufstellung von Denkmälern diente der kulturellen Erbauung. Weitere Eingriffe waren im Südosten die Entfernung des Walls zugunsten der Hamburg-Bergedorfer Eisenbahn (1839–1841) und des Glockengießerwalls, um die Promenade Alsterdamm an der Binnenalster aufzuschütten.

Nach wie vor markierten die Wallanlagen aber eine Trennlinie zwischen der Stadt und ihrem Umland, denn bis 1860 war die Torsperre in Kraft. Zu den vorhandenen Toren wurden vier weitere angelegt: das Ferdinandstor (1830), das Hafentor (1841), das Klostertor (1853) und das Holstentor (1859). Ohne die Elbtore besaß die Stadt in der Mitte des 19. Jahrhunderts

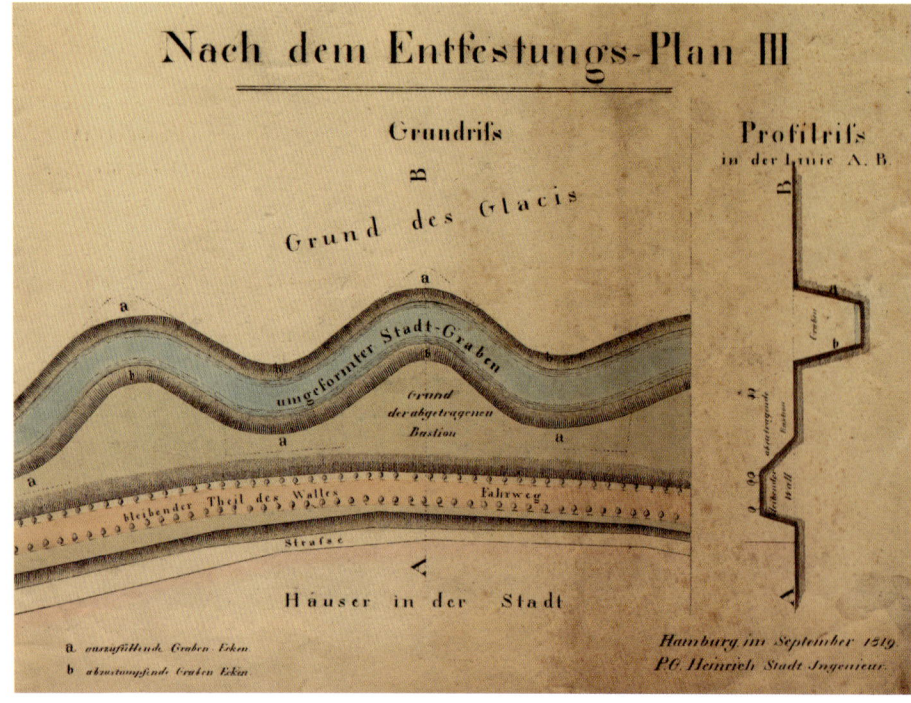

Abb. 50 Entfestungsentwurf für Hamburg von P. G. Heinrich von 1819, kolorierte Lithographie. Nach diesem Entwurf von insgesamt dreien des Stadtingenieurs wurden die Hamburger Wallanlagen in den 1820er Jahren entfestigt.

nun acht Tore. Sie hatten keine Wehrfunktion mehr und bestanden aus breiten schmiedeeisernen Gittern und Wachhäuschen, an denen die ein- und ausreisenden Personen und Güter kontrolliert wurden (Abb. 51). In der zweiten Hälfte des 19. Jahrhunderts dienten die Hamburger Wallanlagen weniger der Erholung als der Anlage repräsentativer Staatsbauten und Kultureinrichtungen, die durch eine Ringstraße erschlossen wurden. Dazu gehörten die Kunsthalle (1863–1868), der Zoologische Garten (1861–1863), die Seewarte (1881), das Justizforum (1879–1912) sowie Gartenbau- und Gewerbeausstellungen.

Auch Lübeck wurde von den französischen Besatzungstruppen 1813 notdürftig befestigt, dies beschränkte sich jedoch auf eine Schanze vor dem

Abb. 51   Das Millerntor in Hamburg um 1825, kolorierte Lithographie. Seit dem Beginn des 19. Jahrhunderts diente das Tor mit den zwei Wachhäuschen nur noch der Kontrolle von Personen und Waren. Nachts wurden die Gittertore verschlossen.

Burgtor, die nach dem Abzug der Franzosen wieder entfernt wurde. In den 1830er und 1840er Jahren erfolgten einige Durchbrüche in den erhaltenen Wallanlagen, einschneidender waren jedoch die Veränderungen durch den Bau der Lübeck Büchener-Eisenbahn seit 1850. Der Bahnhof sollte unmittelbar vor dem Holstentor liegen (Abb. 52), und so wurden dort der alte innere Wall und einige Bastionen abgetragen und die Krümmungen des Stadtgrabens abgeflacht. 1853 wurde das reich verzierte äußere Holstentor mit seiner Renaissancefassade abgerissen (Abb. 54). Für die gärtnerische Umgestaltung der veränderten Wallanlagen konnte der preußische Gartenbaudirektor Peter Joseph Lenné gewonnen werden; sein Mitarbeiter Sennholz leitete die Umgestaltung 1852 bis 1854. Ein Aussichtsturm und eine Gartenwirtschaft dienten dem Vergnügen der Spaziergänger. Ernst Deecke schrieb in seinem Reiseführer für Lübeck 1854: „Von den Umgebungen der Stadt ist zunächst mit Recht der Wall zu preisen, der in seiner neuen kunstmäßigen Gestaltung sowohl als in seiner Naturwüchsig-

Abb. 52 Holstentor und Bahnhof in Lübeck 1867, Kreidelithographie von Wilhelm Heuer

keit eine Menge der lieblichsten Ausblicke ins Land und imponierende Ansichten der Stadt und ihrer hervorragendsten Gebäude bietet." Er zählt dann „besonders freundliche Punkte" auf, alles ehemalige Bastionen mit „Erfrischungsorten".

Die Gartenanlagen Lennés hatten aber nur bis zum Ende des 19. Jahrhunderts Bestand, sie verschwanden auf der gesamten Halbinsel nördlich des Holstentors zwischen Trave und Stadtgraben durch die Anlage der Lübeck-Eutiner Bahn und ständige Erweiterungen des Hafens und seiner Lagerplätze. Mit dem Bau des Elbe-Lübeck-Kanals wurden große Teile der Wälle vor dem Mühlentor und deren Gräben abgetragen. Die Anfang des 19. Jahrhunderts zur Kontrolle errichteten Torzingel wurden mit der Aufhebung der Torsperre 1864 und der Akzise an den Toren 1874 entbehrlich. So wurden die Wachgebäude am Hüxtertor (1875), Mühlentor und Burgtor (1878) sowie Holstentor (1881) abgebrochen.

Auch in den anderen Städten Schleswig-Holsteins erfuhren die Befestigungsanlagen – soweit sie noch existierten – starke Veränderungen, denn

Abb. 53   Das Burgtor in Lübeck in der Mitte des 19. Jahrhunderts, gezeichnet und gestochen von M. Kurz

auch hier erforderten die Ausweitung des Stadtareals und die Verbesserung
der Verkehrsverhältnisse einschneidende Baumaßnahmen. Wie Hamburg
sollte Glückstadt während der Befreiungskriege als Festung alliierte
Truppen binden und einer Belagerung von mindestens sechs Monaten
standhalten. Alle Bewohner ohne ausreichende Lebensmittelvorräte mussten die Stadt verlassen, die von über 3.000 dänischen Soldaten besetzt war.
Von Dezember 1813 bis Januar 1814 wurde Glückstadt dann tatsächlich
durch alliierte Truppen belagert und bombardiert und musste schließlich
kapitulieren. König Friedrich VI. äußerte im Januar 1814: „Da unser Staat
zu klein ist, um viele Festungen im vollen Stand zu erhalten, so muß man
lieber die weniger wichtigen aufgeben, um desto mehr die wichtigeren und
größeren in einen vollständigeren Verteidigungszustand zu setzen, als das
bisher möglich war. Aus diesem Anlaß glauben Wir, daß Friedrichsort und
Glückstadt als Festungen gänzlich aufgegeben und geschleift werden und

Abb. 55   Abbruch des Dammansturms in Lübeck, Foto von 1892

bloß gegen die Seeseite formidable Batterien haben müssen." Seit Juni 1814 leitete eine örtliche Kommission die Entfestigungsarbeiten; bis August waren bereits zwei Bastionen geschleift und der Wall zu einem Elbdeich umgewandelt worden. Die Festungsgebäude – darunter das Deichtor – wurden zum Abbruch verkauft. Das markante Kremper Tor wurde im August 1814 von 44 Arbeitern abgerissen. Im Herbst 1817 war die Entfestigung beendet; Teile der Wallanlagen aus dem 17. Jahrhundert sind aber noch heute gut erkennbar.

In Rendsburg hatten die dänischen Militärbehörden erlaubt, dass von dem 1845 vor dem Neuwerks angelegten Bahnhof ein Gleis durch die Wälle zur Obereider führte. Dies nutzten während der schleswig-holsteinischen Erhebung im März 1848 die Jäger der Kieler Garnison und Freiwilligen unter dem Kommando des Prinzen von Noer, um unbemerkt in die Stadt zu gelangen und sie rasch zu besetzen. Die Rendsburger Garnison schloss sich – ohne die dänischen Offiziere – der Erhebung an, und es wurde begonnen, die Festungsanlagen wieder verteidigungsfähig zu machen. Aufgrund dieser Ereignisse ordnete nach dem Ende der Erhebung der dänische König

Abb. 56   Das Kronwerker Tor in Rendsburg kurz vor dem Abbruch, gezeichnet von L. Mertens, Lithographie von E. Schmidt 1853

1852 an, alle Festungsanlagen der Stadt zu schleifen. Im Juli 1852 begannen die Abbrucharbeiten am Kronwerk nördlich der Eider (Abb. 56), anfangs durch 500 Soldaten ausgeführt, später dann von beauftragten Handwerkern. Die Erde wurde abgefahren, Steine zerschlagen und zusammen mit geborgenen Balken verkauft. Am 3. November 1853 waren diese Entfestigungsarbeiten beendet, und die Stadt verfügte nun im Norden über eine weite Nutzfläche. Ein wesentlich größerer Eingriff in das Stadtbild und die Eiderinsel war der Abbruch der Festungsanlagen bei der Altstadt 1854 und 1855. Mit ihnen wurden Teile der Wasserflächen zugeschüttet, auf denen unter maßgeblichem Einfluss des Rendsburger Verschönerungsvereins einzelne Gebäude oder Parkanlagen entstanden. In diesen Jahren wurden auch das Schleswiger und das Altholsteiner Tor abgebrochen, nur das Neuwerker Tor (Königstor) blieb bis 1881 erhalten (Abb. 57). Die letzten Reste der Rendsburger Festungsanlagen wurden erst nach und nach geschleift

Abb. 57 Das Neuwerker Tor (Königstor) in Rendsburg, Foto vor dem Abbruch 1881

bzw. dem Verfall überlassen, ein Prozess der sich bis 1922 hinzog; dies hatte seinen Grund auch darin, dass seitens der preußischen Verwaltung bis in die 1880er Jahre immer wieder Vorschläge kamen, Rendsburg eventuell doch wieder als Festung zu nutzen.

Von den Stadtmauern des 13. bis 16. Jahrhunderts in Schleswig-Holstein waren im 19. Jahrhundert nur noch wenige Reste erhalten. Die Mauern hatten als willkommene Lieferanten von Baumaterial gedient und waren allenfalls noch als Stützmauern einzelner Häuser erkennbar. Allein eine größere Zahl von Stadttoren hatte die Zeiten überstanden. Die Tore mit ihren engen Durchlässen wurden im 19. Jahrhundert zu einem Verkehrshindernis und verursachten Kosten durch die Bauunterhaltung, so dass die meisten abgebrochen wurden. Soweit bekannt, geschah dies in Flensburg mit dem Marientor (1837), dem Friesen- und Johannistor (1840), dem Mühlentor (1843) und dem Roten Tor (1874), in Schleswig mit dem Hohen Tor (1883), in Kiel mit dem Dänischen Tor (1830 teils, 1869 ganz), dem Schuhmachertor (um 1841) und dem Flämischen Tor (1845), in Neustadt mit dem

Abb. 58   Das Rote Tor in Flensburg, Foto um 1864 von F. Brandt

Hohen Tor (nach 1817) und dem Brücktor (1846), in Plön mit dem
Wentorfer Tor (1815) und dem Lübecker Tor (1854), in Oldesloe mit dem
Lübecker Tor und dem Besttor (1823), in Bergedorf mit dem Sachsentor
(1846) und dem Holstentor (1816), das bis 1858 als Holz- und später
Gittertor fortbestand, und in Mölln mit dem Steintor (1857) und dem
Gültzower Tor (1860).

Ein Sonderfall unter den Wehranlagen des 19. Jahrhunderts war
Friedrichsort. Die Festung an der Kieler Förde war damals völlig veraltet,
und es verwundert nicht, dass sie gegenüber den alliierten Truppen im
Dezember 1813 kapitulierte. In den folgenden Jahrzehnten wurde sie weiter vernachlässigt und diente nur zur Unterbringung von Gefangenen.
Während der schleswig-holsteinischen Erhebung konnte das weitgehend
verlassene Friedrichsort im März 1848 von einer Kieler Bürgerwehr besetzt
werden. Auch unter der erneuten dänischen Verwaltung spielte es seit 1851
keine Rolle mehr. Erst mit dem Krieg Österreichs und Preußens gegen
Dänemark 1864 gewann Friedrichsort wieder eine militärische Bedeutung,
da Preußen Kiel als Militärhafen nutzen wollte und eine Sicherung der
Förde benötigte. 1865 wurden Pioniere nach Friedrichsort verlegt, und der
völlig neue Ausbau Friedrichsorts als preußischer Militärstützpunkt bis in
das 20. Jahrhundert begann.

Nur wenige Reste der ehemaligen Stadtbefestigungen früherer Jahrhunderte wurden bei den Stadterweiterungen des 19. Jahrhunderts erhalten,
und auch dies geschah nur nach zum Teil heftigen Auseinandersetzungen.

Abb. 59   Die Feldseite des Ostertors in Tondern, Foto vor 1900

Zum Erhalt hat sicher beigetragen, dass sich die Künstler seit dem Beginn des 19. Jahrhunderts der Stadtbefestigungen, besonders der Tore, als Motiv annahmen, überwiegend in einer romantischen Verklärung mittelalterlicher Zustände, aber auch in dem Bewusstsein, dass alte Architekturzeugnisse aus den Stadtbildern verschwanden. In Hamburg malten im ersten Drittel des 19. Jahrhunderts z. B. die Gebrüder Suhr die historischen Befestigungsanlagen. In Lübeck erschien erstmals 1822 eine malerische Einzelansicht des Holstentors von Anton Radl. Damit begann die künstlerische Entdeckung der gotischen Baukunst als eines ehrwürdigen Zeugnisses altdeutscher und hansischer Vergangenheit. Zahlreiche bildliche Darstellungen des Holstentors folgten, sowohl als historische Rekonstruktion als auch in seinem damaligen Zustand. Dabei sprach gerade der Zustand des Tors als Ruine die Phantasie der Künstler und Betrachter an. Auch von Kieler Stadttoren entstanden kurz vor ihrem Abriss malerische Ansichten.

Der künstlerischen Darstellung der alten Befestigungsanlagen folgte die Diskussion um ihre Erhaltung als Denkmal. Um das Nordertor in Flensburg gab es am Ende des 19. Jahrhunderts eine kontroverse Diskussion. 1881 stellten einige Anlieger aus der Gegend des Nordertors den Antrag, das Tor

91

als Verkehrshindernis abzureißen. Sie hatten dafür 5250 Mark gesammelt, um der Stadt die Abbruchkosten zu ersparen. Der Magistrat hatte aber Bedenken und beauftragte den Berliner Architekten Prof. Johannes Otzen mit einem Gutachten, der für den Erhalt plädierte. Der von der Stadtverordnetenversammlung bestellte Gutachter Regierungsbaumeister Plüddemann sprach sich für einen Abbruch aus. Dazu fehlte aber eine Genehmigung der Regierung, die 1885 und erneut 1888 beantragt wurde. Als die preußische Regierung in Schleswig den Abbruch verweigerte, weil es sich um ein ‚kunsthistorisch wertvolles Baudenkmal‘ handele und das Tor einen ‚künstlerisch wertvollen Anblick biete‘, gab es Gelächter bei den Stadtverordneten. Auch der Kultusminister lehnte einen Abbruch ab. Einerseits wurde in Flensburg gehofft, dass das Nordertor immer baufälliger werde und dann abgerissen werden müsse, andererseits wurde es notdürftig unterhalten, da sich darin eine begehrte Wohnung befand. Die Meinungsverschiedenheiten um den Erhalt des Nordertors zogen sich bis zum Beginn des 20. Jahrhunderts hin und schlossen Verwaltungsgerichtsklagen ein.

In Lübeck wurde der Mauer- und Torkomplex um das Burgtor herum erhalten, um das Holstentor – heute das Wahrzeichen der Stadt – gab es jedoch einen ähnlich heftigen Streit wie um das Nordertor in Flensburg, und sein Schicksal war durchaus ungewiss. Der endgültige Abriss des äußeren Holstentors 1854 entfachte eine weit über Lübeck hinaus geführte Diskussion, ob der Rest der Toranlage erhalten werden sollte oder nicht. Es entstanden zwei Fraktionen: die eine sah im Tor ein lästiges Verkehrshindernis zwischen der Altstadt, dem Bahnhof und der St. Lorenz-Vorstadt, die andere entdeckte im Holstentor ein deutsch-nationales Denkmal, das es zu erhalten gelte. Jedenfalls mussten Senat und Bürgerschaft gemeinsam über das Schicksal des Tores entscheiden, wurden sich aber nicht einig. Während die Bürgerschaft eine Restaurierung des Tores ablehnte, setzte sich König Friedrich Wilhelm IV. von Preußen 1854 beim Senat für den Erhalt des Tores ein, und auch der Gesamtverein deutscher Geschichts- und Altertumsvereine plädierte dafür. Als 1855 ein Teil des Gesimses vom Südturm herabstürzte, verbreitete sich das Gerücht, dass das Tor vor dem Einsturz stehe, und 683 Lübecker machten eine Eingabe an den Senat, es bald abzureißen. Auch die Bürgerschaft setzte sich dringend dafür ein. 1858 gründete sich dagegen eine Vereinigung zum Erhalt des Holstentores, die Spenden sammelte. Der Lübecker Senat ließ 1863 ein statisches Gutachten in Auftrag geben, das die völlige Standsicherheit des Tores bestätigte. Am 15. Juni 1863 beschloss dann die Bürgerschaft mit 42 gegen 41 Stimmen, das Holstentor nicht abzureißen. Noch im selben Jahr begannen die Instandsetzungsarbeiten. In den folgenden Jahrzehnten diente das markante Tor wiederholt als Kulisse für den Empfang hoher Staatsgäste oder für Paraden.

MÖLLN   Steintor.

Das alte Steinthor wurde im Jahre 1858 abgebrochen, aber für die Tage
des Lauenburger Heimatsfestes, den 23. u. 24. Mai 1908 wieder hergestellt.

Abb. 60   Nachbau des Steintors in Mölln anlässlich des Lauenburger Hei-
matfestes am 23. und 24. Mai 1908, Postkarte. Der hölzerne Nachbau war
niedriger als das 1858 abgebrochene Tor.

Abb. 61   Das Kremper Tor in Neustadt um 1900, Federzeichnung von Marie Woermann

10. Stadtbefestigungen als Denkmal

Bereits im 19. Jahrhundert waren die Reste der ehemaligen Stadtbefestigungen des Mittelalters und der Frühen Neuzeit für die Entwicklung der Städte eher hinderlich geworden, im 20. Jahrhundert setzte sich diese Entwicklung fort. Wo sie störten und einem Ausbau des Stadtareals und der Verkehrsverbindungen im Wege waren, wurden sie abgetragen und eingeebnet. Als in Hamburg eine Verbindung für die Kopfbahnhöfe der verschiedenen Eisenbahnlinien gesucht wurde, bot sich der breite Graben der alten Stadtbefestigung an; in ihm wurde 1906 der Hauptbahnhof eröffnet, an dem sich die Bahnstrecken aus dem Süden und Norden trafen.

In Flensburg wurde das Nordertor 1903 durch Magistratsbaurat Ziegler instand gesetzt, die Stadtverordneten weigerten sich aber weiter, den jährlichen Unterhalt für das ‚minderwertige Gebäude' und ‚lästige Verkehrshindernis' zu zahlen. Dennoch wurde das Nordertor zunehmend zum beliebten Werbemotiv und schließlich zu einem Wahrzeichen Flensburgs. Von 1966 bis 1969 war es schließlich eines der Motive in der Briefmarkenserie ‚Deutsche Bauwerke' der Deutschen Bundespost und ist ein bekanntes touristisches Ziel in Flensburg. Das Kremper Tor in Neustadt (Abb. 61) wurde 1907 weitgehend wiederhergestellt und ist heute Heimatmuseum.

In Lübeck blieben Reste der Wälle und einige Bastionen südlich des Holstentors erhalten und dienen heute mit ihren Spazierwegen als Grünanlagen. Auf der Bastion Buniamshof wurde 1926 ein Freilichttheater eingerichtet. Mit der Verlegung des Lübecker Bahnhofs setzte zu Beginn des 20. Jahrhunderts eine Diskussion um die Neugestaltung des Holstentorplatzes ein, der nun als repräsentativer Empfangsraum für die Stadt angesehen wurde. Ein Wettbewerb von 1906 hatte keine Folgen, 1913 stiftete Senator Possehl jedoch ein Kaiser-Wilhelm-Volkshaus, aus dem Ende 1926 eine Ausstellungs- und Versammlungshalle wurde. Bedingung für alle Bauten um den Platz herum war, dass das Holstentor keine Anbauten erhielt und hervorgehoben würde. Die Idee, das niedrig gelegene Tor abzutragen und auf erhöhtem Grund wieder aufzubauen, wurde 1913 nicht weiter verfolgt. Während des Ersten Weltkriegs wurde das Tor zunehmend für nationalistische Propaganda genutzt. In einem Vortrag erklärte der Bürgerschaftsabgeordnete Emanuel Benda 1917 z. B. „daß der Große Krieg uns gezeigt hat, daß wir im Holstentor ein Denkmal deutschen Geistes besitzen, wie kaum eine Stadt, und daß man auch für die Ziele unserer ferneren Kulturaufgaben in ihm ein schönes und einfaches Wahrzeichen finden wird, das größer ist als Völkerschlachtsdenkmal, Niederwald, Kyffhäuser und alle Bismarcktürme, denn alle deren Absichten sind aus den

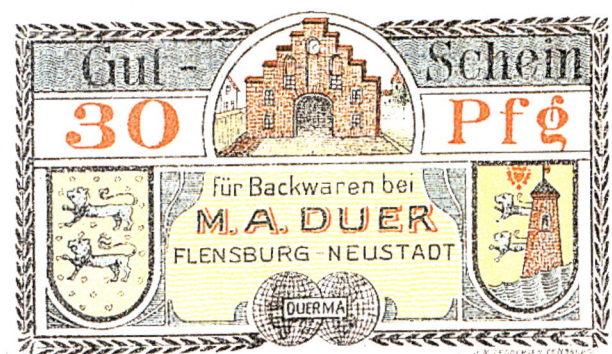

Abb. 62 Das Nordertor in Flensburg, Gutschein, sog. Notgeld, der Bäckerei M. A. Duer, um 1920

Abb. 63   Das Nordertor in Flensburg auf einem Plakatentwurf von Johannes Holtz für die Abstimmung am 14. März 1920

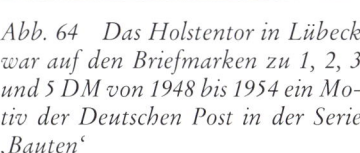

Abb. 64   Das Holstentor in Lübeck war auf den Briefmarken zu 1, 2, 3 und 5 DM von 1948 bis 1954 ein Motiv der Deutschen Post in der Serie ‚Bauten'

Abb. 65   Das Nordertor in Flensburg war ein Motiv der Briefmarkenserie ‚Deutsche Bauwerke' 1966

Grundmauern des Holstentores von selbst lebendig aufgesprungen." In den 1920er Jahren wurde vom Lübecker Hochbauamt erwogen, die Torbögen zu erweitern, um zwei Straßenbahnen hindurchfahren lassen zu können. Das Tor selbst verwahrloste im Innern jedoch immer mehr, da es nicht genutzt wurde. Im Rahmen eines Arbeitsbeschaffungs-Programms wurden 1933/34 das Tor und sein Vorplatz umgestaltet. Ein eingetiefter Grünstreifen führte nun auf das Tor zu, der Verkehr wurde auf zwei Straßen um das Tor herumgeleitet. Aus dem Vorschlag von 1933, das Tor als Museum zu nutzen, folgte nur die Einweihung einer Ruhmes- und Ehrenhalle im folgenden Jahr. Das Holstentor diente den Nationalsozialisten als willkommene Kulisse für Aufmärsche und Feiern, so für die alljährlich stattfindende Reichsonnenwendfeier. Erst mit der Einrichtung als stadtgeschichtliches Museum 1950 erhielt das Lübecker Holstentor seine endgültige Funktion. Die sehr konkreten Planungen der 1970er Jahre, direkt südlich des Tors ein Horten-Kaufhaus zu errichten, führten noch einmal zu einer kontroversen Diskussion um das Lübecker Stadtbild und die Denkmalpflege, die kommerziellen Interessen gewannen diesmal aber nicht.

Bereits in der zweiten Hälfte des 19. Jahrhunderts konnte man das Holstentor auf Tellern, Tassen, Vasen und in Marzipan abgebildet finden

Abb. 66   Das Holstentor in Lübeck auf dem 50-DM-Schein von 1958

und seine Vermarktung als Symbol und auf Andenken setzte sich im
20. Jahrhundert ungebrochen fort. Nun kamen Postkarten, Abzeichen,
Anstecknadeln und T-Shirts hinzu und es kann durchaus vermutet werden,
dass die Hersteller dieser Produkte immer neue Materialien suchten, um das
Tor darauf abzubilden. 1925 wurde das Holstentor als Symbol für
Stadtfreiheit und Bürgerstolz das Verbandszeichen des Deutschen Städte-
tags. Seit den 1930er Jahren ist es aus der Lübeck-Werbung nicht mehr weg-
zudenken, es wurde Warenzeichen, erschien 1897, 1931 und 1948 auf Briefmarken (Abb. 64) und zierte 1958 den 50-DM-Schein der Deutschen
Bundesbank (Abb. 66).

Im äußeren Erscheinungsbild der heutigen Städte sind die ehemaligen
Stadtbefestigungen fast nicht mehr zu erkennen. Oft lassen nur Stadtpläne
und Straßennamen – und dann auch nur den Fachmann – erschließen, wo
die ehemaligen Tore, Mauern und die Wälle mit den Bastionen lagen. In
Lübeck sind Teile der Wallanlagen und Wassergräben des 17. Jahrhunderts
als Grünanlagen erhalten geblieben, in Hamburg sind sie mit etwas mehr
Mühe erkennbar, da sie zu Parkanlagen wie Planten un Blomen und anlässlich von Gartenbauausstellungen seit 1953 umgestaltet wurden. Einige ehemalige Bastionen bilden aber nach wie vor auffällige Erhebungen in der
Innenstadt, die drei westlichsten sind heute nicht zufällig markant bebaut:
mit der Jugendherberge und weitem Blick über dem Hafen, dem Bismarck-
Denkmal von 1906 und dem Museum für Hamburgische Geschichte von

Abb. 67   Das Nordertor in Flensburg, Postkarte vor 1941

Abb. 68   Das Wachhaus des ehemaligen Millerntors in Hamburg 2002, Foto Ortwin Pelc

1922. Ebenfalls erkennbar sind die Wälle aus dem 17. Jahrhundert noch in Glückstadt und bei Kiel in Friedrichsort.

Originale Reste der Stadtbefestigung des Mittelalters finden sich nur noch in Lübeck mit dem Holstentor, dem Burgtor und Teilen der Stadtmauer, sowie in Neustadt mit dem Kremper Tor und in Flensburg mit dem Nordertor. Inzwischen sind diese Städte stolz auf diese Bauten, stellten sie unter Denkmalschutz und nutzen sie für Werbezwecke. Der Symbolcharakter dieser Stadttore, die sowohl abwehrend als auch durchlassend wirkten und zugleich Schutz empfinden ließen, war bereits den Zeitgenossen deutlich und ist es auch heute noch. Werden bei archäologischen Grabungen Reste von Stadtmauern entdeckt, folgen nunmehr Überlegungen, wie sie erhalten und der Öffentlichkeit zugänglich gemacht werden können. Als in Flensburg im Jahr 2000 nahe der Roten Straße ein 14,3 Meter langer Rest der Stadtmauer aus dem 14. Jahrhundert ergraben wurde, kam der Wunsch auf, ihn in der Tiefgarage des dort geplanten Bürogebäudes zu erhalten. Der letzte Rest des Hamburger Millerntors, ein Wachhäuschen mit einer dorischen Säulenvorhalle von 1819/20, fristet an der belebten Straßenkreuzung ein kümmerliches Dasein (Abb. 68), und erst in letzter Zeit gibt es Überlegungen, es ein Stück in die Wallanlagen zu versetzen und durch eine Nutzung sinnvoll zu erhalten.

Literaturhinweise

ZSHG = Zeitschrift der Gesellschaft für Schleswig-Holsteinische Geschichte

Klaus Bocklitz, Hamburgische Festungsanlagen, in: Armin Clasen und Klaus Bocklitz, Studien zur Topographie Hamburgs, Hamburg 1979, S. 93–154

Wilhelm Brehmer, Die Befestigungswerke Lübecks, in: Zeitschrift des Vereins für Lübeckische Geschichte und Altertumskunde 7 (1898), S. 341–498

Ralf Busch, Die Kunst des Mittelalters in Hamburg. Die Burgen, Hamburg 2000

Arthur Dähn, Ringwälle und Turmhügel. Mittelalterliche Burgen in Schleswig-Holstein, Husum 2001

Nicolaus Detlefsen, Die Kieler Stadtteile nördlich des Kanals. Holtenau, Pries, Friedrichsort, Schilksee (Mitteilungen der Gesellschaft für Kieler Stadtgeschichte 65), Neumünster 1978

Ingolf Ericsson, Burgen des Mittelalters in Schleswig-Holstein, in: Das Mittelalter in Hamburg, hg. von Volker Plagemann (Vorträge der Stiftung Denkmalpflege 1), Hamburg 2000, S. 70–77

Ingolf Ericsson, Stadtbefestigungen im mittelalterlichen Dänemark, in: Archäologie des Mittelalters und Bauforschung im Hanseraum, hg. von Manfred Gläser, Rostock 1993, S. 143–148

Anke Feiler, Die Befestigung der Stadt Kiel im Mittelalter, in: Wall und Graben. Befestigungen von der Steinzeit bis ins Mittelalter in Schleswig und Holstein (Kataloge der Museen in Schleswig-Holstein 21), Schleswig 1995, S. 74–83

Anke Feiler, Kiels Stadtbefestigung im Mittelalter. Von der hölzernen Palisadenwehr zur Ziegelsteinmauer, in: Stadtarchäologie in Kiel, hg. von Uwe Albrecht u. Anke Feiler, Neumünster 1996, S. 23–30

Carl Friedrich Gaedechens, Die Befestigung Hamburgs im Mittelalter, in: Aus Hamburgs Vergangenheit, hg. von Karl Koppmann, Hamburg/Leipzig 1885, S. 323–344

Jonas Geist, Versuch, das Holstentor in Lübeck im Geiste etwas anzuheben, Berlin 1976

Manfred Gläser, Burgen und Stadtmauern auf dem Lübecker Stadthügel, in: Castella Maris Baltici II, hg. von Magnus Josephson u. Mats Mogren, Nyköping 1996, S. 59–67

Manfred Gläser, Die Lübecker Stadtmauern, in: 25 Jahre Archäologie in Lübeck, Lübeck 1988, S. 194–196

Hamburg Altstadt. Führer zu archäologischen Denkmälern in Deutschland Bd. 41, hg. von Ralf Busch, Stuttgart 2002

Reimer Hansen, Die Befestigung Meldorfs im Regentenzeitalter der Bauernrepublik Dithmarschen, in: Dithmarschen N.F. 4 (1979), S. 134–145

Reimer Hansen, Die Festung Krempe unter Christian III. und Friedrich II. (1533–88), in: Nordelbingen 39 (1970), S. 35–53

Herbert Jankuhn, Die Befestigungen von Haithabu, in: Archäologische und naturwissenschaftliche Untersuchungen an ländlichen und frühstädtischen Siedlungen im deutschen Küstengebiet vom 5. Jahrhundert v. Chr. bis zum 11. Jahrhundert n. Chr., Bd. 2, hg. von Herbert Jankuhn, Kurt Schietzel u. Hans Reichstein, Osnabrück 1984, S. 198–207

Wilhelm Jensen, Die Befestigung Rendsburgs 1539/40, in: ZSHG 50 (1921), S. 426–428

Olaf Klose u. Lilli Martius, Ortsansichten und Stadtpläne der Herzogtümer Schleswig, Holstein und Lauenburg, 2 Bde., Neumünster 1962

Der Krieg vor den Toren. Hamburg im Dreißigjährigen Krieg 1618–1648, hg. von Martin Knauer und Sven Tode, Hamburg 2000

Hans-Dieter Loose, Die Bedeutung des Festungsbaus 1616–1626 für Hamburgs Stadt- und Hafenentwicklung im 17. Jahrhundert, in: Stadt und Hafen, hg. von Jürgen Ellermeyer und Rainer Postel, Hamburg 1986, S. 54–57

Lennart S. Madsen, Die nordschleswigschen Städte im Mittelalter. Archäologische Ergebnisse, in: Offa 56 (1999), S. 135–148

Ulrich March, Die Wehrverfassung der Grafschaft Holstein, in: ZSHG 96 (1971), S. 9–182

Jörn Meiners, Claus Hinrich Christensen (1768–1841). Festungen, Deiche, Schleusen in Schleswig-Holstein und Dänemark, Heide 1995

Paul Menne, Die Festungen des norddeutschen Raumes, Oldenburg/O. 1942

Karl Mühlke, Die Erhaltung des Nordertores in Flensburg, in: Die Heimat 13 (1903), S. 201–204

Werner Neugebauer, Landwehren und Landgraben – wehrhafte Zeugnisse des mittelalterlichen Lübeck, in: Archäologie in Lübeck, Lübeck 1980, S. 134–136

Nis R. Nissen, Mölln. Festung an der Salzstraße, Ratzeburg 1961

Ortwin Pelc, Die Befestigungen der slawischen und frühdeutschen Seehandelsplätze an der südwestlichen Ostseeküste im 12. und 13. Jahrhundert, in: Castella Maris Baltici II, hg. von Magnus Josephson u. Mats Mogren, Nyköping 1996, S. 157–162

Ortwin Pelc, Burg, Tor und Mauer. Die Befestigung der schleswig-holsteinischen Städte im Mittelalter, in: Landesgeschichte und Landesbibliothek. Studien zur Geschichte und Kultur Schleswig-Holsteins. Hans. F. Rothert zum 65. Geburtstag, hg. von Dieter Lohmeier und Renate Paczkowski, Heide 2002, S. 21–45

Ernst Petersen, Alt-Schleswigs Umwallung, Tore, Brücken und Wehrtürme, in: Beiträge zur Schleswiger Stadtgeschichte 2 (1957), S. 3–20

H. Philippsen, Das Hohe Tor, in: Alt-Schleswig, Schleswig 1924, S. 95–97

Volker Plagemann, Stadtbefestigung und Stadtbild, in: Die Kunst des protestantischen Barock in Hamburg, hg. von dems. (Vorträge der Stiftung Denkmalpflege Hamburg 2), Hamburg 2001, S. 24–41

Hugo Rathgens/Friedrich Bruns, Die Stadtbefestigung, in: Die Bau- und Kunstdenkmäler der Hansestadt Lübeck, Bd. 1, 1. Teil, Lübeck 1939, S. 59–282

Jörg Rathjen, ‚Bomben in ungemeiner Quantité werden eingeworfen‘. Die Beschießung der Festung Tönning zu Beginn des Großen Nordischen Krieges 1700, in: Schleswig-Holstein 6 (2002), S. 6–9

Rolf Rosenbohm, Die Straßensperrketten in Hamburg, in: Hamburgische Geschichts- und Heimatblätter 17 (1958), S. 134–142

Wulf Schadendorf, Das Holstentor. Symbol der Stadt, Gestalt, Geschichte und Herkunft des Lübecker Tores, Lübeck/Hamburg o.J.

Friedrich Schröder, Rendsburg als Festung (Quellen und Forschungen zur Geschichte Schleswig-Holsteins 22), Neumünster 1939

Hans-Friedrich Schütt, Die Flensburger und ihr Nordertor, in: Nordelbingen 40 (1971), S. 244–247

Hans-Friedrich Schütt, Die als Steinbau errichtete Turmburg in Flensburg, in: Offa 53 (1996), S. 317–324

Thomas Schwark, Lübecks Stadtmilitär im 17. und 18. Jahrhundert, Lübeck 1990

Stadtkernatlas Schleswig-Holstein, bearb. von Johannes Habich, Neumünster 1976

Starigard/Oldenburg. Ein slawischer Herrschersitz des frühen Mittelalters in Ostholstein, hg. von Michael Müller-Wille, Neumünster1991

Karl Wilhelm Struve, Die Burgen in Schleswig Holstein, Bd. 1, Neumünster 1981

Dagmar Unverhau, Die Schleswig-Ansicht aus dem Braun-Hogenbergschen Städtebuch als historische Quelle, in: Ausgrabungen in Schleswig. Berichte und Studien 1, hg. von Volker Vogel, Neumünster 1983, S. 55–111

Henning Unverhau, Die Anfänge der Stadt Eckernförde, in: ZSHG 115 (1990), S. 9–44

Volker Vogel, Schleswig im Mittelalter. Archäologie einer Stadt, Neumünster 1989

Karl-Klaus Weber, Johan van Valckenburgh. Das Wirken des niederländischen Festungsbaumeisters in Deutschland 1609–1625, Köln/Weimar/Wien 1995

Walter Wendrich/August Klein, Die alte Kieler Stadtmauer (Mitteilungen der Gesellschaft für Kieler Stadtgeschichte 47), Kiel 1955

Adolf Wilhelm Wolff, Flensburg's alte Stadtmauern, in: ZSHG 12 (1882), S. 115–129

Abbildungsnachweise

Archäologisches Landesamt, Schleswig: 21, 22, 33

Die Bau- und Kunstdenkmäler der Hansestadt Lübeck, Bd. 1, 1. Teil, Lübeck 1939: 14, 15, 25, 26, 46, 54, 55

Bereich Archäologie, Lübeck: 6, 9

Alfred Flögel, Mölln in alten Ansichten, Zaltbommel 1976: 60

Hamburg Lexikon, hg. von Franklin Kopitzsch u. Daniel Tilguer, Hamburg 2000: 8

Herzog-August-Bibliothek, Wolfenbüttel: 35

Rolf Hammel-Kiesow, Lübeck: 12

750 Jahre Stadtrecht Oldenburg in Holstein, Oldenburg/H. 1985: 5

C. J. Milde/Masch, Holsteinische und Lauenburgische Siegel des Mittelalters aus den Archiven der Stadt Lübeck, Lübeck 1856: 16

Mölln. Handel – Handwerk – Bürgertum, bearb. von Lothar Obst u. a., Mölln 1988: 27

Königliche Bibliothek, Kopenhagen: 10

Museen im Kulturzentrum, Rendsburg: 30

Hamburger Museum für Archäologie und die Geschichte Harburgs: 7

Museum für Hamburgische Geschichte, Hamburg: 1, 11, 17, 23, 28, 34, 36, 37, 40–42, 45, 47–53, 56, 57, 61, Vorsatz hinten

Karl Pagel, Die Hanse, Braunschweig 1983: 24

Ortwin Pelc, Hamburg: 4, 64–66, 68

Schleswig-Holsteinische Landesbibliothek, Kiel: Umschlag, Vorsatz, 2, 13, 18–20, 31, 32, 38, 39, 43, 44, 58, 59, 62, 63, 67

Staatsarchiv Hamburg: 29

Stiftung Schleswig-Holsteinische Landesmuseen, Schloss Gottorf, Schleswig: 3

Dr. Renate Paczkowski und Prof. Dr. Dieter Lohmeier,
Schleswig-Holsteinische Landesbibliothek, sowie Rita Hoitz,
Museum für Hamburgische Geschichte,
danke ich sehr herzlich für ihre Unterstützung.

Ortsregister

LUBEC

De Dom   S Peter

Radthus